金利が上がると経済はこう動く

島 裕晶
Shima Hiroaki

青春出版社

はじめに　金利は世界を動かす「エネルギー源」である

金利は、私たちの生活や経済活動のいたるところで取引の前提として存在し、気づかないうちに大きな影響を及ぼしています。たとえば、住宅ローン金利がわずかに上昇するだけで家計の負担が増し、将来の消費行動に影響を与えます。

一方、企業が抱える借入金のコストが上昇すれば、新たな設備投資や雇用拡大を控える動きが出るでしょう。そして、国家財政では金利が国債の利払い負担を決定し、予算編成の柔軟性を大きく制約します。さらに、金利の動向は為替市場、株式市場、債券市場など、あらゆる金融商品に影響を及ぼします。言い換えれば、金利を知ることは、経済の流れを理解し、未来を見通すための基盤となるのです。

私自身、金融機関で債券取引や金利リスク管理に携わり、日々金利の動きと向き合うなかで、金利が市場や経済に与える多大な影響を実感してきました。特に、日本国内だけでなく国際的な市場動向を追い続けるうちに、金利が単なる数値ではなく、世界経済の体温を測る指標であり、「エネルギー源」としての役割もはたしていることを痛感しました。

その後、金融データサービス会社で債券市場や金利商品の分析レポートを作成する業務を通じて、金融市場の複雑さと奥深さにさらに触れます。市場データを用いて金利変動の背景を分析し、それを言葉で説明するのは一見技術的で難解な仕事ですが、実際には金利を通じて経済がどのように機能しているかを可視化する試みそのものでした。

米国では、移転価格税制やＩＲＳ対応を含む税務戦略および管理会計を担当し、金利が財務戦略や税務対応にどのように影響するかを間近で経験しました。あるとき、金利変動によるコスト増加が企業のグローバルな税務構造全体にどう波及するかを分析したプロジェクトに携わりました。その経験から、金利の影響は単に市場や企業財務にとどまらず、国際的な政策やルールのなかでも重要な要素であると気づいたのです。

帰国後は、金融デリバティブを活用して企業のコスト削減や金利リスク管理を支援する仕事に取り組みました。この業務を通じて、多くの企業が金利リスクにどう向き合い、どのような対策を講じているかを目の当たりにしました。

たとえば、ある企業では固定金利から変動金利へと借り入れ条件を切り替えることで、金利上昇リスクを最小限に抑えつつ資金調達コストを削減する方法を導入しました。こうした具体的な対応策を通じて、金利を「避けるべきリスク」ではなく、「活用すべきツール」として捉えることの重要性を学びました。

これらの経験を経て、現在は金融政策や市場分析に関する執筆活動に専念しています。専門誌や業界向けのレポートでの執筆を通じて、多くの読者に金利の重要性を伝える一方、金融政策がどのように経済に影響を与え、金利が市場参加者の意思決定をどのように形作るのかを解説してきました。

本書では、金利をめぐる幅広いテーマを取り上げています。中央銀行が政策金利を通じてどのように経済を調整しようとしているのか、市場ではどのように金利が決まるのか。そして、金利上昇が私たちの日常生活や企業経営、マクロ経済にどのような影響をもたらすのか。本書の目的は、金利に関する理解を深め、読者の皆様がそれをビジネスや生活に活用できるようにすることです。

特に最近日本では、日銀の政策変更から金利上昇が関心を集めています。この変化は、ゼロ金利やマイナス金利といった歴史的に低い金利環境に慣れてきた私たちにとって、大きな転換点を意味します。こうした新しい環境に対応するには、金利の動きを正しく理解し、それを適切に活用する力が必要です。

本書を通じて、金利が経済活動の中心でどのような役割を果たしているのかを知り、未来を見通す力を身につけていただければ幸いです。

『金利が上がると経済はこう動く』目次

第1章

金利を動かす中央銀行の金融政策

目　次

第2章

金利はどのような仕組みで決まるのか

第３章

金利上昇の背景にある原因とは

第4章

金利上昇は実体経済にどんな影響を与えるか

第5章

金利上昇と為替相場の密接な関係

第6章

金利上昇で個人が受ける影響

企画協力　松尾昭仁（ネクストサービス株式会社）
本文DTP　佐藤純（アスラン編集スタジオ）
校正　東京出版サービスセンター

第1章

金利を動かす中央銀行の金融政策

金利上昇が国、企業、個人にもたらす影響

2021年11月30日、この日は世界経済にとって大きな転機ともいえる日になりました。米国連邦準備制度理事会（FRB）のジェローム・パウエル議長による連邦議会上院での発言内容が、それまでの金融緩和政策からの転換だと市場が受け取ったためです。それは、COVID-19（新型コロナウイルス感染症）のパンデミックによる、供給制約に起因するインフレ高進の懸念を強調するものでした。

これは当時の市場にとって想定外の発言だったため、NYダウ、米国債ともに下落し、市場金利も上昇するという動きになりました。これは、パンデミックでアメリカ経済が低迷し、2020年3月にFRBが政策金利を実質ゼロにまで引き下げる金融緩和策からの政策転換を思い起こさせるものでした。市場参加者のみならず、広く一般の人々までが、持続して金利が上昇する世の中を頭に描いたのです。

世間を驚かせたこのパウエル議長の議会証言の後、実際に政策金利が引き上げられたの

金利上昇の影響

国	企業	個人
国債利払いの増加	資金（融資・社債）借り入れコストの増大	住宅ローン金利負担の増加

は翌年の3月でした。このときからFRBの金融政策は追加利上げの局面に入りました。

では政策金利が上昇すると、人々の生活にどのような影響を与えるのでしょうか。直接影響を受けるのは企業の借入金です。運転資金などの短期の資金繰りを銀行からの借り入れで賄っている企業は多く、こうした企業にとっては資金コストが増大します。また、短期金利が上昇すれば長期金利も上昇するため、企業の設備投資用の借り入れや社債発行コストが増大します。これは企業財務の面からはマイナス要因です。

金利上昇は、為替市場、株式市場、債券市場の動きに大きな影響を与えます。国内金利と海外金利との差が拡大もしくは縮小すれば、資金の移動を通じて為替相場を動かすことになり、大規模資本に依存する重機械、建設、不動産、電力といった業種への株式投資や社債投資を見直す一因となるかもしれません。

金利上昇は国家財政にも国債利払いの増加という大きな負担をかけるうえ、個人にとって住宅ローン金利の上昇は利払い増加を招き、新規住宅建築や中古住宅市場といった実物市場にもマイナスの影響を与えます。それだけでなく、住宅購入に伴う家具や家財道具の購入といった新規の需要を抑制することになり、景気には大きなマイナス効果です。

金利の成り立ちとその仕組み

こうした金利上昇に直面したら、あなたならどう行動しますか。これまでは、特にパンデミック後は、日米欧で超金融緩和策ともいえる政策金利の切り下げが一般的に行われてきました。世界経済は「ゼロ金利」や「マイナス金利」といった、かつて経験したことのない金利環境下に置かれたのです。

しかし、冒頭のパウエル議長の発言に象徴されるように、こうした超低金利の世界は出口を迎えています。世界的には、ゼロ金利の世界から金利のある世界へ急ピッチで移行しました。特に日本のように、ゼロ金利やマイナス金利の時代が長かった国の場合、大きな変化を体験することになるのであらかじめ備えておくことは重要です。

それにはまず、金利の世界の仕組みを知ることから始めましょう。今まさに、金利についての知識が必要な時代が到来したといえるでしょう。

歴史上、金利の考え方が記録として残っているのは中世のローマです。ローマでは、〝banco〟という両替商がローマの通貨を貸し出す際に金利を徴収していました。この〝banco〟という言葉が、現在の〝bank（銀行）〟の語源です。モノを売るのと同様に、あるいはそれ以上にお金を融通するということにも需要があり、商売として成り立ちます。したがって、そのリスクをとった対価が利息として借り手から貸し手へ支払われるのです。

金利とは資金を一定期間提供することへの対価

金利とは、この利息が「貸す」「借りる」対象となる元本に対してどのくらいの割合になるのかを、その対象期間とあわせて表す概念です。多くはパーセント単位で表され、たとえば「元本100万円に対して年10％の金利」といえば、利息は10万円となります。

これは、お金を「貸す」「借りる」場合ですが、銀行預金や債券など、資金を一定期間提供して、提供された側がその間の金利相当額を支払う場合も仕組みは同じです。

さて、「金利がつく」というのは、このように資金を一定期間提供することへの対価が発生することです。なぜ対価が発生するのかについてはいくつかの理由がありますが、主な理由は以下の二つです。

資金を提供すると対価が発生する理由

1. 機会費用が生じる
2. リスクが生じる

1の「機会費用」について説明しましょう。たとえばあなたがカフェで注文をするとき、予算の都合でコーヒーかケーキのどちらか一つを選択する場合を考えてみてください。

この場合、たとえばあなたがコーヒーを選んだとします。あなたは、コーヒーを飲んでその香りや味わいに満足する代わりに、ケーキを食べてその味を楽しむ機会やその価値を放棄したことになります。この場合、「ケーキの味を楽しむ価値の放棄」が機会費用になります。この例でいえば、あなたは次のように考えてコーヒーを選択したはずです。

コーヒーの味を楽しむ価値　∨　ケーキの味を楽しむ価値

あるいは、少なくとも「どちらでも同じ」だと考えたのかもしれません。話を戻して、資金を一定期間提供することについて考えてみましょう。右の例でコーヒーを選択した人が資金を提供する側だとすると、資金を提供して得られる利益が提供しなかった場合の利益を上回ると判断して提供を決めたはずです。資金提供しなかった場合の利益は、「ケーキの味を楽しむ価値」になります。

これが機会費用です。この例で資金提供の決定理由は便宜上、最も単純化されていますが、他のさまざまな理由が加わったとしても、これが最も基本的な考え方です。

資金提供しなかった場合に得られたであろう利益とは、「その資金を自分で運用したときに得られたであろう利益」です。運用というのは、その資金の出し手が商人であれば商品の仕入れ資金、職人であれば原材料の購入資金、あるいは道具の購入資金、といったものがこれにあたるでしょう。そして、これらを購入して事業を行った場合に得られる利益が、「自分で運用すれば得られたであろう利益」です。利息がこの機会費用を上回れば、資金を提供してもいいという判断が成り立つわけです。

リスクを負うほど対価は大きくなる

こうした取引が増えてくれば、「他の人に貸して支払ってもらえたであろう利息」として、一つの基準ができます。中世ローマの〝banco〟も日本の両替商もこうした仕組みで発達し、現代の銀行へと形を変えていきました。

そして、現代の発達した金融・経済社会のもとでは、「自分で運用すれば得られただろう利益」とは市場で運用した場合の金利になります。これについては後で詳しく説明します。「機会費用が生じるために金利が発生する」というのは、こうした理由からです。

金利が発生するもう一つの理由は、「リスクが生じる」からです。たとえば、以下の2

人に対して、同時期、同期間、同額の資金を融通するとしましょう。

リスクには差がある

A.これまでも資金を融通したことがあるが、そのうち何回かは返済期限が遅れた。自身の事業はうまくいっていないようで、赤字続きとなっている。

B.これまでも資金を融通したことがあるが、必ず返済期日までには返済を完了した。自身の事業も順調で拡大しているようだ。

これだけの事前情報があって、AとBのどちらにも同じ金利で資金を融通しようと思うか、ということです。資金提供者は資金を融通する限り、その相手が誰であっても、貸したお金が戻ってこないかもしれないリスクを引き受けることになります。

これは、先ほど述べた機会費用とは別のリスクと考えられます。そして、右の例ではAとBどちらのリスクが大きいかというと、Aの方が大きいと考えるのが普通です。すると、資金提供者はその分を金利に反映させます。すなわちリスクの大きい方の金利をその分高くして、リスクを引き受けることの見返りを求めようとするでしょう。

現代の社会では、このリスク分を明確に保険のように数量化しカバーするという考え方があります。それについては後で詳述します。

金利を決定する要因はほかにもあるのですが、中心となっているのはここで述べた機会費用と、貸し倒れや返済遅延のリスクに応じた対価の二つだといえるでしょう。

名目金利と実質金利はどう違うのか

金利にはいくつかの種類があります。そのなかでも「名目金利」と「実質金利」は、インフレ率（物価が上がる割合）を含むかどうかで異なります。

わかりやすく例えると、物差しで長さを測るときに「目盛」が基準になるのと同じです。もし二本の物差しで1センチメートルの長さが違っていたら、同じ「10センチメートル」

を測ったとしても、両者の示す長さは異なります。

金利も同じで、インフレが進むとお金の価値が変わります。名目金利は、インフレを考慮せずにそのままの数字を表した金利です。もう一方の実質金利は、インフレによってお金の価値が変わることを考慮し、調整された金利を指します。

名目金利と実質金利
名目金利－物価上昇率（インフレ率）＝実質金利

また、実効金利という概念もあります。これは名目金利がインフレ率以外の理由で実態と異なるため、補正を行った後の金利を指します。

たとえば銀行借り入れの際、銀行と債務者との力関係で一定の割合を預金として借り入れて銀行に残すことがあります。もちろん、今の日本で表立ってこのような契約を結ぶことは、独占禁止法の「金融機関の取引上の優越した地位の濫用行為」にあたるとして認められていません。ただ、お金に色がついているわけではないので、実態はどこまで「地位の濫用行為」にあたるのかはグレーな部分が多いです。債務者から見ると、実質的には契約で掲げられている表面上の借入金利とは異なる金利で借り入れをしていることになります。この場合、名目上の金利に影響を与える要素をすべて加味した金利が実効金利です。

具体的な例では、たとえば企業が銀行から年利2％で融資を受けたとします。しかし、銀行が融資額の10％を預金として残しておくことを条件とした場合、実際に企業の手元に残る金額は融資額の90％となります。

この場合、企業が実際に負担する実効金利は単純に計算すると2％以上です。具体的に計算すると、企業が借り入れた金額のうち実際に利用できる額が少なくなるため、事実上の利子負担が増加し、実際は名目金利よりも高い金利が適用されることになり、これが実効金利になります。

このような実効金利の考え方は、企業の資金調達やコスト計算において重要な要素となります。単なる表面上の金利だけでなく、こうした条件によって発生する実質的なコストも含めて考慮しなければ、正確な資金計画や経営判断が難しくなるためです。

この意味で、金融機関と債務者の関係や取引条件によって実効金利が変わることは、企業経営において認識しておくべきリスクの一つといえるでしょう。

日銀が金融政策を実行するインターバンク市場

現代社会の金融取引を極端に簡略化していえば、金融機関と事業法人あるいは個人が取引を行い、それらを集約した形で金融機関同士が取引を行います。もちろん、法人の大口取引を金融機関が直接市場につないで、他の金融機関が応じるといった形もありますが、基本的には金融機関同士が取引をする市場（インターバンク市場）が市場の趨勢、すなわち実勢金利を決めることになります。そして、この取引市場に中央銀行が調整役として取引の相手方として加わるというのが、今日の金融政策の基本的な形です。

かつて日本では、中央銀行である日本銀行が金融機関への貸出金利（公定歩合）を定め、それが基準金利となって市中銀行が一般企業や個人に適用する貸出金利、あるいは預金金利が決まっていたことがありました。日銀が中心となって金利が定められ、それが金融機関を通じて一般の経済社会にも波及していたのです。

しかし、1979年に譲渡性預金（CD）から金利自由化が始まり、1985年の市場

インターバンク市場とは

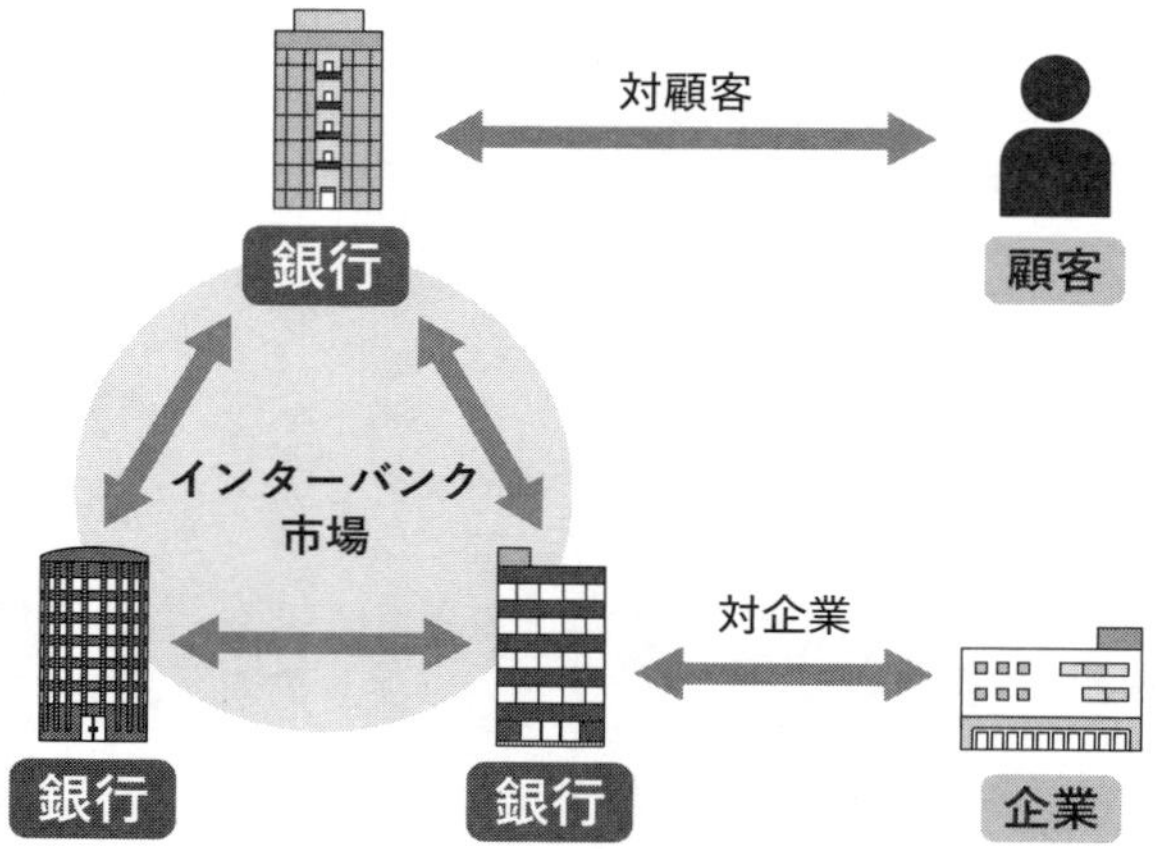

金利連動型預金（MMC）と10億円以上の大口定期預金の金利自由化へと続いた流れは、1994年の流動性預金の金利自由化で完成しました。同時に、それまで日銀が定める公定歩合に沿って決まっていた預金金利などの各種金利は、金融機関同士の取引市場（インターバンク市場）で決まるようになり、それが預金や融資など各金融機関の対顧客取引に反映されるようになったのです。

そうなると、日銀はこのインターバンク市場に介入することで目標とする政策金利へ誘導するようになりました。日銀が介入する市場は「無担保コール翌日物市場」と呼ばれます。金融機関同士の取引で短期資金を貸し借りし、資金の受け渡し翌日には反対取引によって決済することで成立している市場です。

金利による緩和と量的緩和

１９９９年2月の金融政策決定会合において、当時は先行きデフレ圧力の高まりが予見されるなか、経済活動をサポートする目的で、この無担保コール翌日物レートは「できるだけ低めに推移するよう促す」(実質ゼロ金利)と定められました。

ところが、翌２０００年8月の金融政策決定会合では、「景気回復傾向は明確」「物価低下圧力が大きく後退」との判断で、それまでのゼロ金利政策を解除し、コールレートの誘導目標を0・25%前後とします。

しかし、この政策判断は翌２００１年3月の金融政策決定会合で実質的に覆されることになります。前年の終わりごろからの急激な国外景気の低迷、物価下落懸念の強まりといった要因により、前年8月にゼロ金利解除を決めたときとは真逆の景気判断を迫られることになり、再び金融緩和策へ戻らざるを得ない状況になったのです。

ただし、このときは再びゼロ金利政策へ向かうのではなく、金融市場調節の操作目標を、それまでの無担保コールレート（翌日物）から、日本銀行当座預金残高に変更しました。その残高を5兆円に増額するのです。もともと、直前の日銀の当座預金残高は4兆円だったため、今の感覚からするとそれほど大きな緩和策には見えませんが、当時の金融政策の基準は金利が当たり前でしたから、預金残高という「量」に変更した点が画期的でした。このとき初めて「量的緩和策」を実施したことになります。

「イールドカーブコントロール」「マイナス金利」を導入

その後、2006年〜2013年は無担保コール翌日物レートが再び操作目標として用いられ、実質ゼロ金利政策がとられました。2010年からは「包括的な金融緩和政策」として、金融市場の調節方針は無担保コールレート（翌日物）を0〜0.1%程度で推移するように誘導しつつ、「共通担保資金供給オペレーション」という資金の貸し付けと、国債、社債、コマーシャルペーパー（CP＝企業が無担保で発行する約束手形）、J‐REIT（不動産投資信託）、ETF（上場投資信託）などの資産の買い入れを行うようになりました。

２０１３年からは、金融政策の目標がそれまでの無担保コール翌日物レートからマネタリーベース（日銀が世の中に供給するお金の総量）に変更になり、「量的・質的金融緩和」が実施されるようになりました。さらに２０１６年には、１月にマイナス金利の導入、９月にマイナス金利政策を長期金利のコントロールと合わせたイールドカーブコントロール（YCC）の導入を、それまでの資産購入とあわせて金融政策の枠組みとして定めました。

また同じ9月より、それまでの目標だったマネタリーベース自体には特に上限は設けず、物価上昇率が安定的に2％を安定的に超えるまで拡大方針を続けることになりました。

マイナス金利政策というのは、日本銀行当座預金の残高の一部に、マイナス０・１％の金利をつける政策です。この短期金利と9月に追加された10年物国債の利回りがゼロ％程度で推移するように誘導する長期金利の目標とあわせて、イールドカーブ（債券の利回り曲線）全体をコントロールする政策になりました。

この金融政策はその後、目標とする10年金利のゼロ％からの振れ幅に対する容認度合いが調整されたものの、大枠として２０２４年３月まで続きました。

2023年4月、日本銀行の総裁が黒田東彦《はるひこ》氏から植田和男氏に交代すると、翌2024年3月には、それまでの枠組みだった「質的・量的金融緩和」やイールドカーブコントロールについては終了することとし、無担保コール翌日物レートを0～0・1％に誘導する操作目標に戻しました。

資産買い入れについても、長期国債の買い入れは従来通り継続するものの、J-REITとETFについては新規の買い入れを終了し、CPや社債については1年後に終了する予定で徐々に新規の買い入れを減額することになりました。いわゆる金融正常化です。

中央銀行の役割と政策の手段

中央銀行には、自国経済の健全かつ持続的な発展に寄与することが求められています。そのためには実体経済を支える金融の仕組みを維持し、発展させなければなりません。具体的にいうと、金融の仕組みとは通貨制度であり、通貨価値の安定や決済制度の維持、信用創造の適切な管理と流動性の供給などです。中央銀行はこれらの仕組みを通じて金融市場の安定と信用の健全性を確保し、経済全体の均衡を図る必要があります。

通貨価値の安定とは、インフレやデフレを防ぎ、経済の予測可能性を高めることで消費者や企業が長期的な計画を立てられるようにすることです。対外的には、外国通貨に対する為替相場が安定していることが重要です。実際に中央銀行が行う施策としては、適切な金利政策の設定や為替市場への介入など、発表されるとメディアで大きく報道されるものが含まれます。

決済制度は経済活動において基盤となる要素であり、その維持と効率化は経済の発展に直接影響を与えます。したがって、決済制度の維持自体が重要な役割であるのはもちろん、中央銀行は電子決済システムの整備やアップグレードを通じて、安全かつ迅速な資金の移動を保証する必要があり、それが商取引のコスト削減に寄与します。

さらに、異通貨間の国際決済が円滑に行われるようにすることで、国際貿易の拡大にも寄与します。

また、信用創造における中央銀行の役割は、銀行やその他の金融機関が健全な融資活動を行えるような環境を確保することにあります。金融システムへの信頼を保ち、リスクを抑え、経済全体が健全に発展するのを助ける。中央銀行は金融機関の健全性をチェックし、規制を通じてリスク管理を強化します。これには銀行の資本基準の設定やストレステストの実施が含まれます。銀行が過度なリスクをとらず、安定した信用創造が行われるようにするには、こうした中央銀行の役割が重要です。

中央銀行の機能を果たすには、以下のような具体的な施策があります。以下、一つずつ見ていきましょう。

中央銀行の役割と施策

①政策金利の設定
②準備預金制度の運用
③公開市場操作
④最後の貸し手としての役割
⑤量的金融緩和
⑥フォワードガイダンス

①政策金利の設定

中央銀行は政策金利を設定し、市中銀行の貸出金利や預金金利に影響を与えます。政策金利を下げることで融資コストを低減し、銀行の貸し出しを増やすことができ、逆に政策金利を上げることで融資を抑制することができます。この結果、信用供給の量を調節し、過熱気味な経済活動を抑制したり、逆に低調な経済活動を刺激したりする効果を与えます。

②準備預金制度の運用

中央銀行は市中銀行に対して準備預金を義務づけています。これは、銀行が受け入れた預金残高の一定割合を中央銀行に預けることを義務づける制度です。準備率を引き上げることで銀行が貸し出せる額を減らし、逆に引き下げることで貸し出しを増やすことができます。このようにして、信用創造の過程を直接管理することが可能になります。

③公開市場操作

中央銀行は、公開市場操作を通じて市場の流動性を管理します。具体的には、国債などの金融資産を売買することで市場に出回る資金量を調節します。国債を買う「買いオペ」は、対価の資金が中央銀行から市中に流出することになるため、市場の流動性の増加要因になります。逆に売りオペは中央銀行が市中から対価を受け取ることになるため、市場の流動性の減少要因です。市中銀行の貸し出し能力を増減させることで、信用創造をコントロールすることになります。

④最後の貸し手としての役割

中央銀行には、「最後の貸し手」としての役割があります。これは通貨発行権を持つ中央銀行だからこそ可能な、非常に重要な機能の一つです。たとえば金融危機が発生した際は市中銀行やその他の金融機関に対して緊急融資を行い、それによって金融機関が直面する流動性危機を回避し、金融システム全体の信用を維持します。

⑤量的金融緩和

量的金融緩和は、国債やその他の金融資産を大規模に購入し、市場に大量の資金を供給するという政策手段です。政策金利の調整など通常の金融政策手段が限界に達した場合、中央銀行が追加的な景気刺激策として採用する非伝統的な金融政策手段です。短期金利が実質0％かそれに近い状況において、長期金利の低下を図りデフレ圧力の緩和と経済活動の活性化を促す目的があります。

⑥フォワードガイダンス

フォワードガイダンスは、中央銀行が将来の金融政策の方針について、市場や一般市民へ事前に情報を提供するという政策手段です。企業や消費者の期待に働きかけ、現在の経済活動に影響を与えることを目的としています。この政策は一定の効果がある反面、中央銀行が自身の政策手段について、将来にわたる自らの行動に制約を課すことになるという難しさもあります。

これまでの金融危機時にとられた金利政策

歴史を振り返ると、以下のような金融危機が起こる度に中央銀行による金融政策が打ち出されてきました。長く異次元の金融緩和策を採用してきた日本ですが、2024年3月の質的・量的金融緩和策とマイナス金利政策の終了という大きな転機を迎え、過去の事例を教訓に金利上昇後の日本経済を展望することは有益なはずです。

1929年の世界恐慌から2020年の新型コロナウイルス感染症（COVID-19）パンデミックに至るまでの主要な金融危機と、それぞれの危機に対する金利政策について詳述します。

1．世界恐慌（1929年）

1929年の世界恐慌は現代史における最も深刻な経済危機の一つであり、アメリカの株式市場の暴落を発端に世界中が危機に見舞われました。

１９２０年代のアメリカ経済は、第一次世界大戦後の復興需要や自動車、電化製品などの大量生産を可能にする技術革新で好景気に沸いていました。こうした環境で投資ブームが起き、株式市場が急速に拡大するなか、多くの人々が借金をしてまで株式を購入するという状況でした。ところが１９２９年10月、株式市場は突然暴落し、これが引き金となって経済全体が急速に悪化し始めました。銀行の破綻や企業の倒産が広がり、失業率の急上昇といった経済の急速な悪化が世界中に連鎖していったのです。

アメリカの中央銀行である連邦準備制度理事会（ＦＲＢ）は、暴落前の１９２８年から１９２９年10月に株式市場の過熱を抑制する目的で政策金利を引き上げました。借り入れコストを増加させ、株式市場への資金流入を減少させることが目的です。

過熱の抑制にはつながったものの、それだけで急激な相場調整からの大暴落を防ぐことはできませんでした。

世界恐慌が発生した当初、ＦＲＢは高金利政策をとりインフレ防止を図りました。しかし、問題はこの政策がインフレ圧力の抑制にとどまらず、デフレ圧力を強化する結果になったことです。企業の生産活動や個人消費を抑制し、経済に負の循環をもたらしたのです。

１９３０年代に入るとＦＲＢは利下げに転じました。大幅な利下げを通じてようやく流動性が高くなり、企業の資金繰りが改善することで経済の回復につながったのです。

このころの金融政策の失策は、政策の「ビハインド・ザ・カーブ」(behind the curve) と呼ばれ、今では金融政策の転換点で常に議論になるテーマです。

これは、中央銀行が適切なタイミングで政策金利を引き上げたり、引き下げたりしないために、経済が予期しない方向に進んでしまうリスクがある状況のことです。伝統的な金融政策は短期金利の操作によって行われますが、一般に金融引き締め(金利の引き上げ)は政治的なハードルが高い不人気な方法なので、どうしても遅れがちになってしまいます。

1929年に発生したアメリカ株式市場の暴落は、利下げのタイミングが遅れたビハインド・ザ・カーブの典型的な例だといえます。

2.オイルショック(1970年代)

1970年代のオイルショックは世界経済に大きな影響を与えました。インフレと経済の減速が同時に進行する「スタグフレーション」が起こり、経済の混乱は中央銀行に金融政策への早急な対応を迫りました。

オイルショックは1973年の第一次と1979年の第二次に分かれます。第一次オイルショックは第四次中東戦争、第二次オイルショックはイラン革命とイラン・イラク戦争を契機に発生し、石油価格の急騰が世界経済に大きな打撃を与えた出来事です。この石油価格の急騰がコストプッシュ型のインフレを引き起こし、実質ベースで見た所得の減少と消費抑制につながったため、経済成長にブレーキをかけることになったのです。

景気が低迷したといっても、最初に目に見える現象はインフレ、すなわち物価上昇です。各国の中央銀行は、急激な物価上昇を抑制するために政策金利を引き上げました。この結果、個人消費や企業の投資が抑制され、総需要は減少することになりました。中央銀行の利上げにより物価上昇がある程度抑制されたといっても、インフレが収まったといえる状況には程遠く、むしろ景気低迷という新たな問題を抱えることになったのです。

中央銀行は、物価上昇と景気低迷が同時に進行する「スタグフレーション」に向き合わなくてはならない状況になりました。

3.日本のバブル崩壊（1990年代）

日本でも、金融危機と政策金利の関係が論じられることがありました。後に、1990年代の日本のバブル崩壊として知られる現象です。

この背景には、1980年代の「バブル経済」と呼ばれる異常な好景気に沸いた時代がありました。1980年代の日本経済は、1985年のプラザ合意によって円高進行に拍車がかかり、円高不況と呼ばれる景気低迷期に入ります。日銀は、こうした状況に金融政策で対応するために連続利下げを行い、1980年に9%だった当時の政策金利、公定歩合を、1987年には2・5%まで下げました。

こうした低金利政策は経済の回復に寄与しましたが、同時に銀行の貸し出し増加もあって不動産、株式への投機資金の流入が急増しました。この結果、1980年代後半のバブル経済が生じることになったのです。その結果、日銀は1987年から逆に利上げに転じ、1990年には公定歩合を6%まで急速に引き上げました。

同時に、大蔵省（現・財務省）は銀行に対して不動産融資の伸び率を総貸出の伸び率以下に抑制するよう行政指導を行いました。これがいわゆる「総量規制」で、これによって不動産価格や株価が急落しました。その後の日本経済は「失われた10年」と呼ばれる長期停滞期に入り、デフレと低成長時代を経験することになったのです。

日銀はデフレ経済に対応するため、政策金利を1990年の6%から急速に切り下げ、1995年には1%を割り込むようになりました。

4．リーマンショック（2008年）

2008年のいわゆる「リーマンショック」は、アメリカの金融危機を引き金に、その影響が世界中に拡大した経済危機です。2000年代初め、アメリカでは低所得者向けの住宅ローン（サブプライムローン）が急増しました。こうしたローンは借り手の信用リスクが高く、高金利でしたが、この住宅ローンの拡大で住宅バブルが形成されていきました。

この住宅バブルはアメリカ国内だけにとどまらず、世界中にバブルの影響とリスクを拡散することになったのです。金融機関はサブプライムローンを証券化し、それを担保にした証券（MBS）を販売しました。この結果、世界中にリスクが拡散されたのみならず、リスクがどこに存在するのかという実態がわかりにくい状況になったのです。

2006年以降に住宅価格が下落し始め、サブプライムローンの返済が滞るようになると、ローン債権を証券化した商品であるMBSも価格が急落し、金融機関を中心に損失が拡大。2008年9月にはアメリカの大手投資銀行リーマン・ブラザーズが破綻し、金融市場は大混乱に陥り、信用収縮が急速に進行しました。

FRBはこうした危機に対応するため、利下げを加速させます。2007年9月に5・25%だった政策金利であるFF（フェデラルファンド）レートを、2008年12月には0～0・

25％のターゲットレンジにまで引き下げました。その後FRBは、実質ゼロ金利となった政策金利に加えて、米国債やMBSを大量に購入する量的緩和（QE）を実施し、市場に流動性を供給することで長期金利の上昇を抑制する政策をとったのです。

このときの世界的な金融危機に対応するため、各国の中央銀行は政策金利の引き下げや量的緩和策など、さまざまな政策を通じて経済の安定化を図りました。この結果、一つの金融機関のリスクが金融市場全体に波及するシステミックリスクや、金融市場の混乱などの一時的な危機は収まりましたが、失業率の高まりや景気の後退が長引き、その後も中央銀行が低金利政策を継続しなければならなくなるなど、多くの課題が残りました。

5．新型コロナウイルス感染症（COVID－19）パンデミック（2020年）

2020年に世界中で流行した新型コロナウイルス感染症（COVID－19）のパンデミックにより、各国とも都市封鎖や移動制限を実施せざるを得なくなり、多くの企業が一時的な操業停止に追い込まれました。この結果、消費と投資が急激に落ち込み、失業率が急上昇。パンデミックの初期段階では株価の急落や企業の信用リスクの上昇といった経済への不安が広がりました。各国の中央銀行の対応は別途述べますが、中央銀行による世界的な金融緩和策が浸透し、この後しばらく政策金利は低金利で推移することになります。

政策金利はどのように設定されるのか

政策金利は、中央銀行が金融政策を通じて経済活動を調整するために設定する短期金利です。方法は各国でさまざまですが、一般にまず中央銀行と金融機関の間の金利が決まり、その後、その動向が市中銀行と民間企業の取引に反映され、その金利水準が社会に浸透していくという過程を辿ります。

政策金利を決定するうえで大前提となるデータは物価動向、すなわちインフレ率です。これはすでに述べたように、金融制度の安定的な維持という中央銀行の役割があるため、通貨価値を安定的に保つことはどの中央銀行でも重要な政策のテーマなのです。

単純な図式では、物価上昇が目標を上回っているときは金利を引き上げて総需要を抑制し、逆に物価動向が目標値に対して弱い場合、あるいは持続的に下落している場合は金利

日本の長期金利の推移（過去10年間）

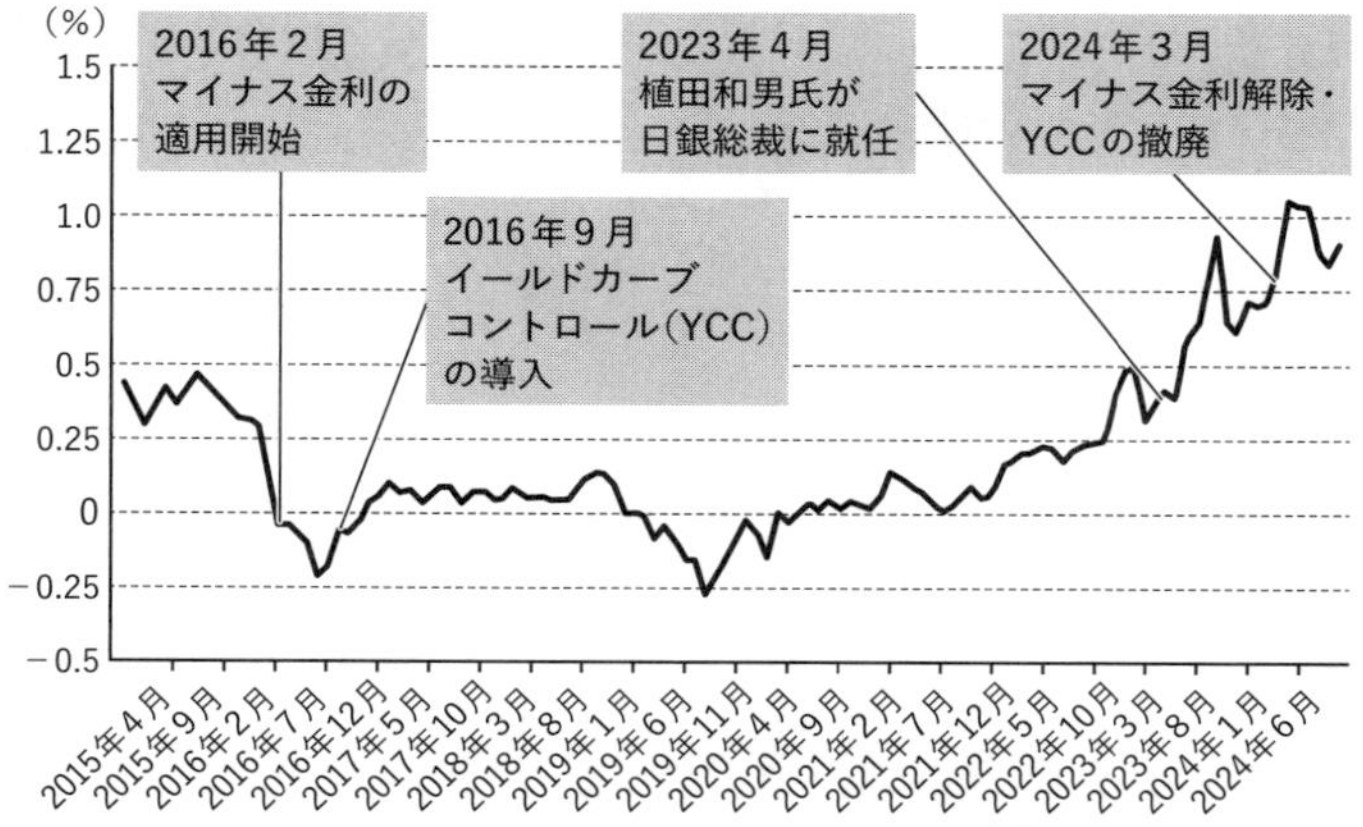

出典：日本相互証券株式会社

を引き下げて総需要を刺激することになります。

また、失業率は経済活動の強さを示す指標として重視されますが、労働市場における雇用状況を明確な目標として掲げているのは、主要国の中央銀行ではＦＲＢのみ。失業率が高いと経済が弱いことを示すため、中央銀行は政策金利を引き下げ、景気を刺激して雇用増加を図ることになります。

その他にＧＤＰ成長率、消費者の購買意欲を示す指標、住宅市場の動向など、多くの経済指標が政策金利の決定に際して参考にされます。また債券、為替、株式などの金融・資本市場のデータも参考にされます。

短期金利は中央銀行が市場オペで操作する

中央銀行が決定する政策金利には、中央銀行に市中銀行が持つ預金の金利や市中銀行への貸付金利があります。さらにはリバースレポ金利のように、債券を媒介として資金吸収を行う際の金利があります。

ただし、日本の政策金利となっている「無担保コール翌日物金利」やアメリカの政策金利であるＦＦレートの場合、中央銀行預金の金利や貸付金利とは異なり、中央銀行が市場に介入して政策金利の誘導目標に近づけることになります。

具体的には、この二つのレートの場合、直接その市場において目標レートに近づけるために市場介入するほかに、リバースレポ取引で下限金利を、レポ取引で上限金利を設定し、その他の公開市場操作による市場金利の上昇あるいは低下圧力もあわせて、誘導目標を達成するオペレーションが行われます。

長期金利は中央銀行が操作できない

長期金利とは、一般に10年以上の金利を指し、同年限の国債か金利スワップ市場で決まる固定レートが基準になります。企業活動における投資活動や個人の住宅ローンなど、経済活動に大きな影響を与えることが多い金利です。

この金利は、中央銀行が直接操作できる金利ではなく、通常は政策金利にはなりません。その理由は、長期金利の水準を決定する要因が多いため、中央銀行が誘導目標水準を定めたとしても、正確にその水準に固定することが困難だからです。長期金利の水準を決める要因には以下のものがあります。

長期金利の水準を決める要因

・現在の水準と将来想定される水準の短期金利

・インフレ率
・債券需給
・財政リスクプレミアム

現在の水準と将来想定される水準の短期金利

長期金利は、短期金利の将来の予測に基づいて形成されます。長期金利で運用する資金と、これと同じ期間の複数の短期金利によって運用した資金は理論上、運用開始時において同じ価値のはずだからです。したがって、短期金利の上昇は長期金利の上昇につながり、逆も同じです。

インフレ率

インフレ率が上昇すると、投資家は市場より高い利回りを求めることになるため、インフレ率は長期金利の水準決定要因の一つです。

債券需給

長期金利は長期資金という商品の価格と見ることもできるため、債券価格で表されます。たとえば期間10年の資金需要が高まれば、それと表裏の関係にある債券は需要が後退することになるため価格は下落し、利回りは上昇します。逆も同じです。

財政リスクプレミアム

政府の財政状態や債務水準は長期金利に影響を与えます。財政赤字や政府債務が大きい場合、投資家はリスクプレミアムを要求し、長期金利が上昇します。実際、財政が破綻しそうな国家や破綻した国家は、市場で長期金利が高水準になっています。

以上のように、長期金利の水準はさまざまな要因によって決まるため、これを一定の水準に保つには、短期金利の操作とは違う桁違いの額の長期国債の取引が必要です。それでも必ず達成できるとは限りません。

しかし、長期金利を一定水準に固定するという実験ともいえる金融政策を、主要国では日本だけが最近まで実施してきました。これは後で述べます。

日銀の金融引き締め転換が遅れた理由

日銀は2001年に量的金融緩和を世界で初めて導入し、2016年にはマイナス金利政策をデンマーク、スイス、ユーロ圏の中央銀行に次いで実施するなど、世界的に見ても比較的早く非伝統的金融政策による緩和策を実施してきたといえます。

その後、日銀は2024年3月にマイナス金利とイールドカーブコントロール政策の終了を宣言しました。これも短期金利で見ると、それまでのマイナス0・1%からおおむね0%へ戻しただけで、まだ本格的な引き締めへ転換したというには程遠い状況です。

世界の主要中央銀行が2010年代中ごろから利上げを開始したのに比べて、大幅に遅れた感は否めません。日本の消費者物価上昇率が日銀の目標とする2%に達するのが他国に比べて遅れたことや、1990年代のバブル崩壊後から続いたデフレ不況の影響があるのかもしれません。

問われる非伝統的な金融政策の有効性

日銀は主要国中央銀行のなかで最も長くマイナス金利やイールドカーブコントロールという非伝統的金融政策を採用してきたわけですが、こうした政策は日本のデフレ脱却に際して有効に機能したのでしょうか。それぞれ見ていきましょう。

マイナス金利政策

マイナス金利政策とは、資金を預けた側の金融機関に預金金利を課すことで、金融機関による民間部門への貸し出しを促進し、経済活動を活発化させることを目的としたものです。最終的にデフレ脱却とインフレ目標の達成を目指します。

主要国の中央銀行では2014年に欧州中央銀行が、そして2015年にスイス国立銀行がこのマイナス金利を導入し、日銀はそれに続いて2016年に導入しました。

日銀が導入したマイナス金利政策の仕組みは、市中銀行が日銀に預ける当座預金の一部にマイナス金利を適用するというものでした。具体的には金融機関が日銀に保有する当座預金を、準備預金制度や金融機関の保有資産をもとに３つに分類し、その一つにマイナス0・1％の金利をつけたのです。

金融機関から見ると、一定割合を超えて日銀に預けている預金残高にコストがかかるため、マイナス金利を付与されなければ日銀当座預金として保有していたであろう資金を貸し出したり、株式や不動産投資などの運用に回したりする動機になります。その結果、経済活動が活発化し、資産価格の上昇、デフレ圧力緩和などの効果を期待できました。

ただし、このマイナス金利政策が長期間続いた問題点として、以下のようなものがあります。

マイナス金利政策の問題点

円安圧力の強まり

為替相場が円安にふれやすくなり、その結果として輸入コストが上がり、物価上昇圧力が高まる。

銀行の利ザヤ縮小とマイナス金利によるコスト増加

市中銀行の預金はマイナス金利をつけるわけにもいかないなか、貸出金利は低下したため利ザヤは縮小した。マイナス金利自体は銀行の超過準備に対するコスト増加になるため、銀行の収益圧迫要因となり、デフレ緩和期待に逆行する。

以上のように、マイナス金利政策にはプラスの側面とマイナスの側面があり、長期的な影響については評価が定まっていません。

イールドカーブコントロール

イールドカーブコントロールとは、短期金利と長期金利を同時に操作して目標とする水準に保ち、結果としてイールドカーブ自体を金融政策として想定した形状に近づけようとするものです。この手法では、従来の短期金利だけでなく長期金利の水準を操作目標に誘導しようとします。２０２４年3月まで日銀が実施していたイールドカーブコントロールは、10年物国債利回りをゼロ％に維持するという政策でした。

これによって長期金利が低下するため住宅ローンや設備投資のコストが下がり、経済活動の活発化を促します。イールドカーブ全体を中央銀行が管理することになるので、市場の金利動向の予測が安定し、民間も投資計画が立てやすいというメリットもあります。

しかし、次のような問題点もありました。

市場介入の限界

日銀が10年の長期金利を一定水準に維持するには、短期の政策金利の場合と同じように、ゼロ％に低下するまで市場介入で10年の金利、すなわち長期国債を大規模に買い続けなければなりません。しかも長期国債の利回りは、すでに述べたようにさまざまな要因で決定されます。したがって、もともと金利を一定の水準を保つこと自体に困難があるなか、そのすべての要因に対抗すべく介入を繰り返せば、それだけ国債購入額は膨らみます。この政策を長期的に持続するのが困難になる可能性も出てきます。

国債市場の歪み

中央銀行の介入により国債市場のメカニズムが正常に機能せず、価格形成が著しく歪められる状況が見られました。これは、市場参加者が日銀の目標利回りを前提とした取引を行うため自由な価格形成ができず、実際の取引量が減少したことが原因です。日銀が国債を大量に保有することで、市場に出回る国債の量自体も減少します。これにより、流動性の低下や価格の振れ幅拡大、国債の適正価格の不透明化といった問題が生じました。

実際に日銀が実施したイールドカーブコントロールは、10年物国債利回りを0％近くに保つといいながら、徐々に上下の振れ幅を容認するようになり、最終的には振れ幅の上限を1％まで容認していました。

このように、初めての制度として試行錯誤があり、持続性や国債市場の歪みという問題を残しながらも、長期金利の上昇抑制によって経済活動を下支えするという目的には一定の効果があったと考えられます。

引き締めへの転換が早かったFRB

アメリカの連邦準備制度理事会（FRB）は2008年に起こった世界金融危機後、他の中央銀行と同様に金融緩和策を導入しました。しかし日銀と比べて異なるのは、マイナス金利やイールドカーブコントロールといった非伝統的な金融政策は採用せず、しかも比較的早めに金融の引き締めに転じたことです。

FRBが採用したのはゼロ金利政策と量的緩和策（QE）です。前述したように、FRBは危機が起こると短期金利であるFFレートの切り下げを加速させ、2008年12月には0〜0・25%のターゲットレンジ、すなわち実質0%まで引き下げました。またQEとして、米国債やMBSを大量に購入し、市場に流動性を供給する政策を採用したのです。

その後2015年12月、FRBは利上げに転じます。それまでのFFレートのターゲットレンジを0〜0・25%から0・25〜0・50%へと引き上げ、その後もパンデミックによる経済危機が拡大する2020年の前年、2019年まで追加利上げが行われました。

アメリカのFFレート推移（2016年〜）

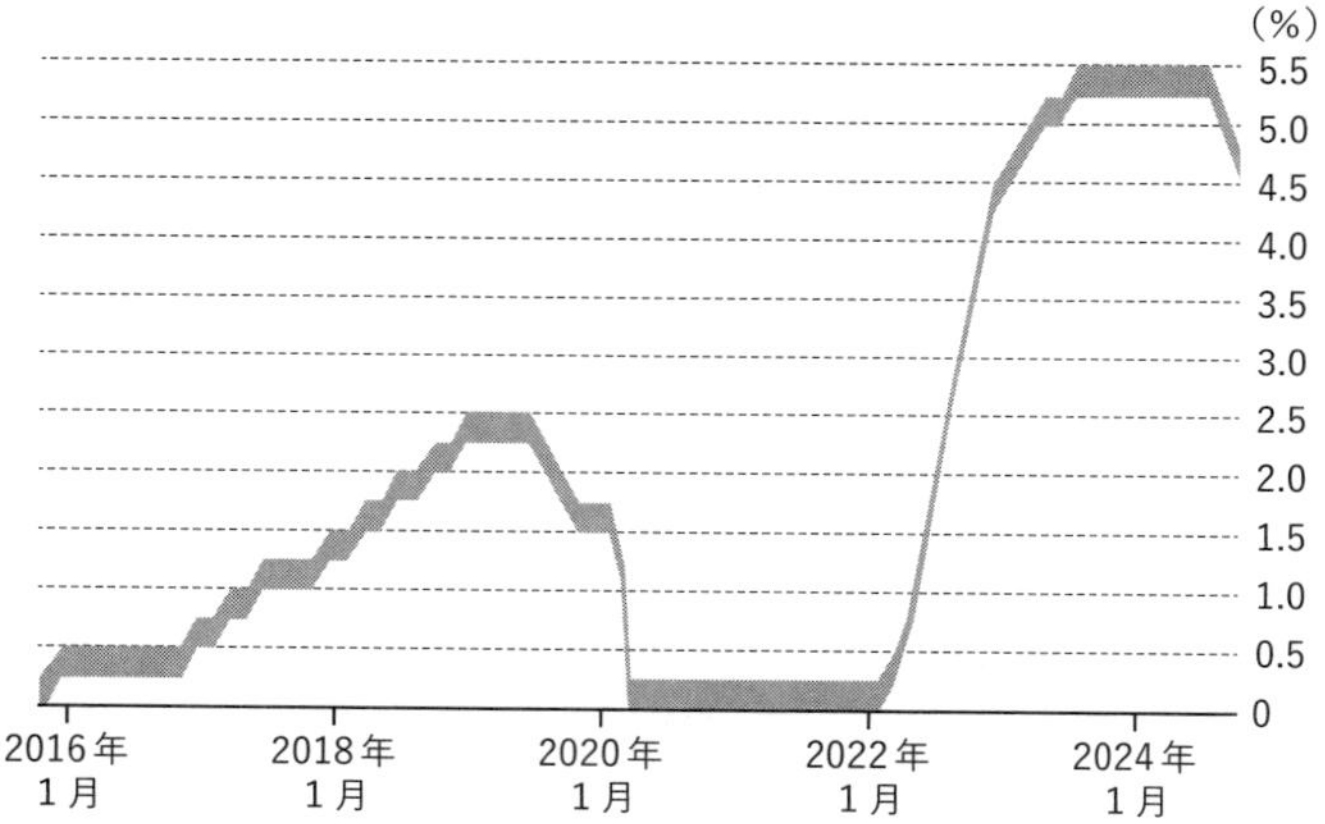

出典：FRB

また、資産購入により膨らんだＦＲＢのバランスシートは、２０１７年10月より縮小が開始され、２０１９年10月まで続きました。

ＦＲＢが早めの引き締めに転換した背景には、日銀のマイナス金利やイールドカーブコントロールの政策で見られたマイナス面を考慮したものと考えられます。金融機関の収益悪化による金融システムへの悪影響や、預金金利の低下による消費者行動の鈍化、資産バブルの形成懸念、国債市場の歪みなどです。

ただし80年代のバブル崩壊後、数十年にわたってデフレ経済が定着した日本と異なり、アメリカ経済の強さに対する信頼が早期の利上げにつながったと考えられます。実際、消費者物価の上昇率は２００８年の金融危機から3年後には3％台にまで上昇し、２０２０年のパンデミック危機から2年後には9％台にまで急上昇しています。同時期の日本と比べると２００８年の危機後は2倍の速さ、２０２０年のパンデミック危機後は2倍の上昇率で、デフレから急速に脱却していく様子が見てとれます。

正常化への歩みはＥＣＢの方が早かった

ユーロ圏の中央銀行である欧州中央銀行（ＥＣＢ）は、２０１０年からの欧州債務危機後の低成長とデフレリスクに対処するため、２０１４年にマイナス金利政策を導入しました。ユーロ圏でも日米と同様、物価上昇率を2％まで引き上げることが政策目標となっていたなか、やはり日本より早くマイナス金利政策から脱却しました。

ＥＣＢのマイナス金利政策は日銀と異なり、市中銀行がＥＣＢに預けるすべての預金に対してマイナス金利を適用するものです。したがって、日銀の場合より貸し出しを促進するインセンティブは強いと考えられます。また同時に大規模な資産購入プログラムを実施した点は、日銀やＦＲＢと同じです。

その後の２０２２年７月、ＥＣＢは11年ぶりに利上げに転じました。利上げ幅は０・５％で、この結果預金金利は０％になり、同時にマイナス金利政策からの脱却も完了します。ユーロ圏の消費者物価指数が急上昇したことが利上げに転じた理由で、政策変更時の７月には前年比８％台、その後11月には10％を上回るまで物価が上昇し、アメリカを上回るペースでインフレが進みました。

日銀がマイナス金利を導入したのが２０１６年１月で、終了が２０２４年３月なので、ちょうどユーロ圏から2年遅れでマイナス金利を実施したことになります。

物価上昇率だけを見ると、ＥＣＢはＦＲＢより引き締めに転じるタイミングが遅く見えますが、日銀より早かったことがわかります。

第2章

金利はどのような仕組みで決まるのか

短期金利は政策金利、長期金利は国債利回りが基準

「イールドカーブ」という言葉は、もともと債券や金利に関する領域で使われていた金融の専門用語ですが、日本銀行が「イールドカーブコントロール（YCC）」という政策を導入したことで、一般のニュースでも取り上げられるようになりました。これは債券市場において各年限の利回りを曲線で結んだもので、金融市場の将来の金利動向を予測する重要なツールです。通常、このイールドカーブは国債の利回りに基づいて作成されます。

イールドカーブの最も短期の部分は、中央銀行が金融政策の運営手段としている政策金利（日本では無担保コール翌日物金利や日銀当座預金の金利）で決まります。日本銀行はこれらの金利を通じて市場の資金供給を調整し、経済全体の金利水準に影響を与えます。

一般的な理解として、イールドカーブは市場の将来の金利期待を反映するとされていますが、経済政策の一環として操作されることもあります。中央銀行は量的緩和策やオペレー

ション・ツイスト（長期国債を購入して短期国債を売却する）などの手段を用いて、イールドカーブを操作することがあるのです。

インフレが進行している経済では、長期金利は上昇傾向にあります。したがって、このときに長期国債を購入して価格を下支えし（利回り上昇を抑制し）、同時に短期金利を相対的に高く保つための政策を実施することで、インフレ抑制と同時に長期金利の上昇抑制を狙うこともできます。

このような政策による市場介入には政府の経済政策の意図も反映されているため、イールドカーブには純粋な市場の需給だけではない複雑な要素が含まれていると解釈されます。たとえば、日本銀行が実施したイールドカーブコントロールは、10年物国債の利回りを目標水準にすることで、長期金利の上昇を抑制し、経済成長を支援し、インフレ目標の達成を目指すことを目的としています。

また金融機関や投資家にとって、イールドカーブはリスク管理のためのツールとしても重要です。特にデリバティブ取引において、イールドカーブの変動を予測し、それに基づいてヘッジ戦略を考えることは、損失につながるリスクを減らして利益を最大化する重要な手段となります。

銀行間取引市場が担っている重要な役割

日本銀行が２０１３年まで、そして２０２４年から再び政策金利とした無担保コール翌日物金利は、銀行間で短期資金を取引するコール市場で形成される金利です。この市場は、公的および民間の特性を兼ね備えた重要な金融市場の一部でした。

２０１３年以降、日銀の金融政策は大きく転換し、前章で紹介した量的緩和やマイナス金利政策のような非伝統的な金融政策が導入されました。具体的には、無担保コール翌日物金利を政策目標から外し、マネタリーベースの拡大を通じて市場への資金供給量を増加させるとともに、日銀当座預金の金利も操作対象になりました。こうした変化により、日銀が直接取引相手となる市場で形成される金利が主導的な役割を果たすようになったのです。

しかし無担保コール翌日物は、短期金利の形成において依然として中核的な役割を担っています。この市場は、民間銀行同士が日々の資金繰りを調整するために利用するので、

無担保コール市場取引量

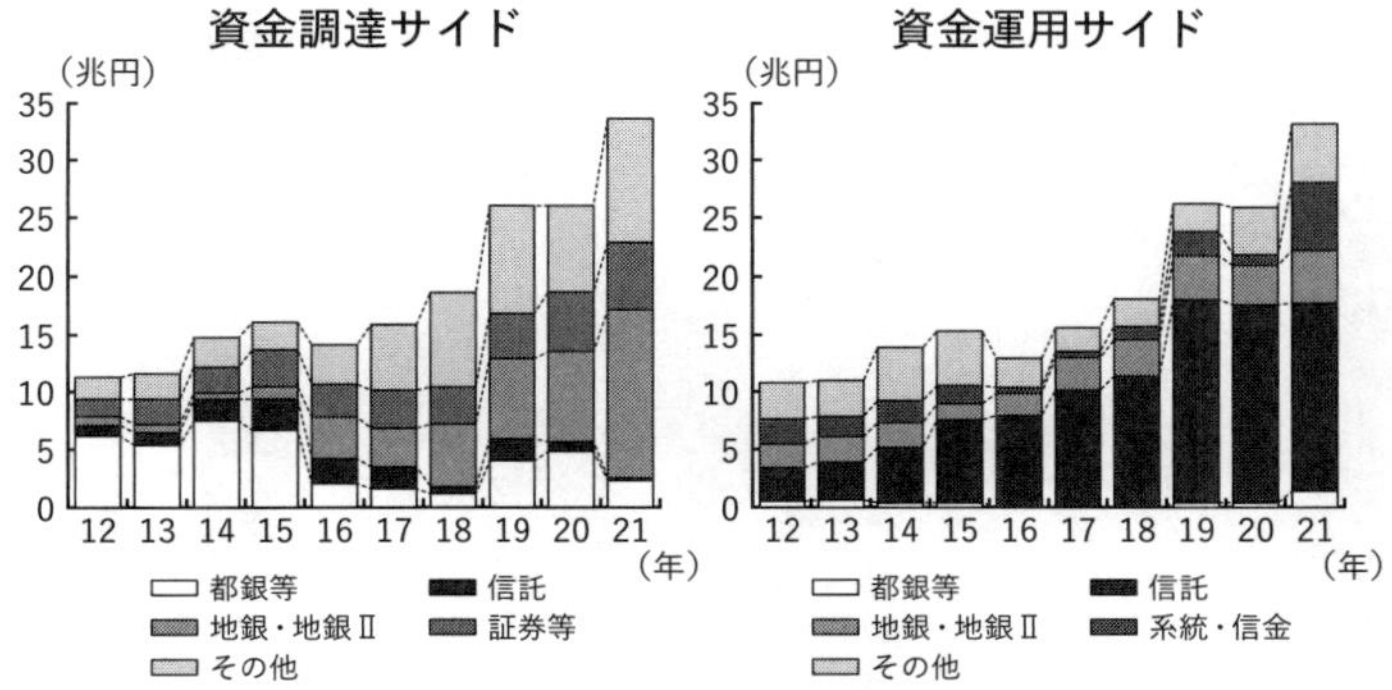

出典：「わが国短期金融市場の動向」（2021年10月・日本銀行金融市場局）

※運用・調達で計数が一致しないのは、本サーベイの調査対象の制約（非居住者等は調査対象外）、調達・運用の片側のみに計上される取引種類（対日銀取引は資金調達サイド、国庫短期証券は資金運用サイドのみに計上）が存在するため

民間銀行の信用リスクを反映した利回りが形成されます。無担保コール翌日物金利は政策金利や国債利回りに次いでリスクの低い市場金利とされ、これらの金利を補完するという重要な役割を果たしています。

無担保コール市場は、銀行間取引の重要な場として、短期資金の流動性を効率的に供給するという役割を果たしています。この市場での取引がスムーズに行われることは、金融システム全体の安定性にも寄与しています。民間銀行は、資金繰りの調整や余剰資金の運用において無担保コール市場を活用することで、リスクを適切に管理しつつ、効率的な資金運用を実現しています。

長期金利市場の相場形成を補完する金利スワップ市場

長期金利市場において、リスクフリーのベンチマーク（指標）としてよく利用されるのが国債市場です。リスクフリーというのは、「最も安全で確実な利率」とする考え方で、政府が発行する国債の利率がその代表とされています。

その理由は、民間など他の発行体と比較して、元本の償還や利払いができなくなる、すなわち債務を返済できなくなる可能性が相対的に小さいと見なされているためです。

したがって、国債といっても国家財政に問題を抱える国もあり、厳密にリスクがゼロといえるかどうかは国によって異なりますが、日本や欧米など国家財政が比較的安定している国の国債は「リスクフリーの金利」としてよく使われます。

この利率を「ベンチマーク」として、企業の株や債券など他の投資商品がリスク分を上乗せした高い利率を提供することになります。

しかし、この市場でも取引量は年限によって異なります。特定の年限で取引が薄い場合、金融機関の間で取引される金利スワップ市場が、市場金利の決定に大きな役割を果たします。

金利スワップとは、二つの当事者が異なる種類の金利支払いおよび受け取りを交換する金融取引です。各々の当事者が、既存の金利支払いないしは受け取りを、リスクを回避できると考える金利の受払いと交換する取引です。

たとえば、ある企業が将来の金利低下が見込まれると考えたとき、固定金利で支払う借り入れを変動金利にして、金利低下の恩恵を受けたいと考えるでしょう。逆に、将来の金利上昇が見込まれると考える場合には、変動金利を固定金利にして将来の金利支払い費用の増加を抑えたいと考えるでしょう。どちらの場合でも、実際にこうした取引は行われています。これが金利スワップ取引です。

国債市場が集中取引所での取引であるのに対し、金利スワップ市場は基本的に店頭取引（ＯＴＣ）であり、取引当事者間での合意に基づいて金利が設定されます。

金利スワップ市場の動向は、イールドカーブの形状を決める一つの要因にもなっています。国債市場で流動性の低い年限の利回りが金利スワップ市場を通じて補完され、全体的な金利の期間構造を反映したイールドカーブの形状が整備されます。

金利スワップ取引の仕組み

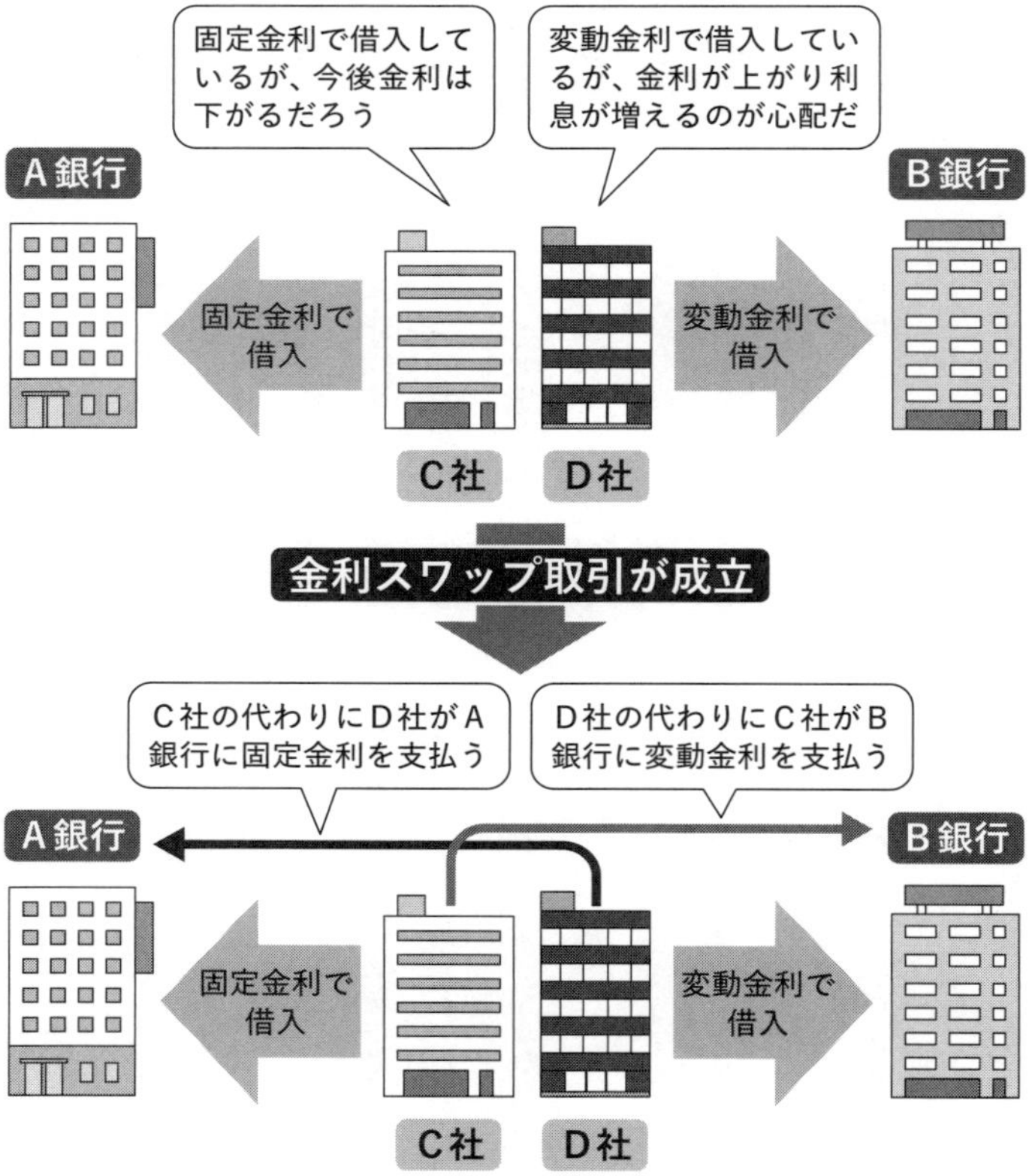

上の図のように事業会社同士が直接金利スワップ取引をすることは極めてまれで、通常は銀行が相手方となる。たとえば、「固定金利の支払い」を「変動金利の支払い」に変えたい会社の場合、銀行と「変動金利払い、固定金利受け」の取引を成立させる。その結果「固定金利の支払い」は相殺され、「変動金利の支払い」が残るという仕組みだ。また、相手の銀行は元の「固定金利支払い」をしている銀行と同じとは限らない。実際の取引では、信用力や流動性の問題によって、本来は仲介者である銀行が直接相手方になる「マーケットメイク」によって市場が成立している。

次ページ以降のグラフは、国債市場と金利スワップ市場におけるイールドカーブの比較分析を示しています。この図表により、国債市場が流動性の低い年限で金利スワップ市場がどのように補完しているかを視覚的に理解することができます。

国債市場と金利スワップ市場の相互作用を理解することは、長期金利リスク管理において重要です。金利スワップ市場は国債市場において補完的な役割を果たし、利回り曲線の形状を決定づけます。したがって、適切なリスク管理戦略を立てるには、イールドカーブの動向を知る必要があり、そのためにも国債市場と金利スワップ市場をともに把握しておく必要があるのです。

異なる金利の寄せ集めがイールドカーブの形をつくる

イールドカーブは、異なる満期の債券利回りをグラフ化したものです。横軸が満期までの期間、縦軸が利回りを表します。したがって、短期金利・中期・長期金利のそれぞれが

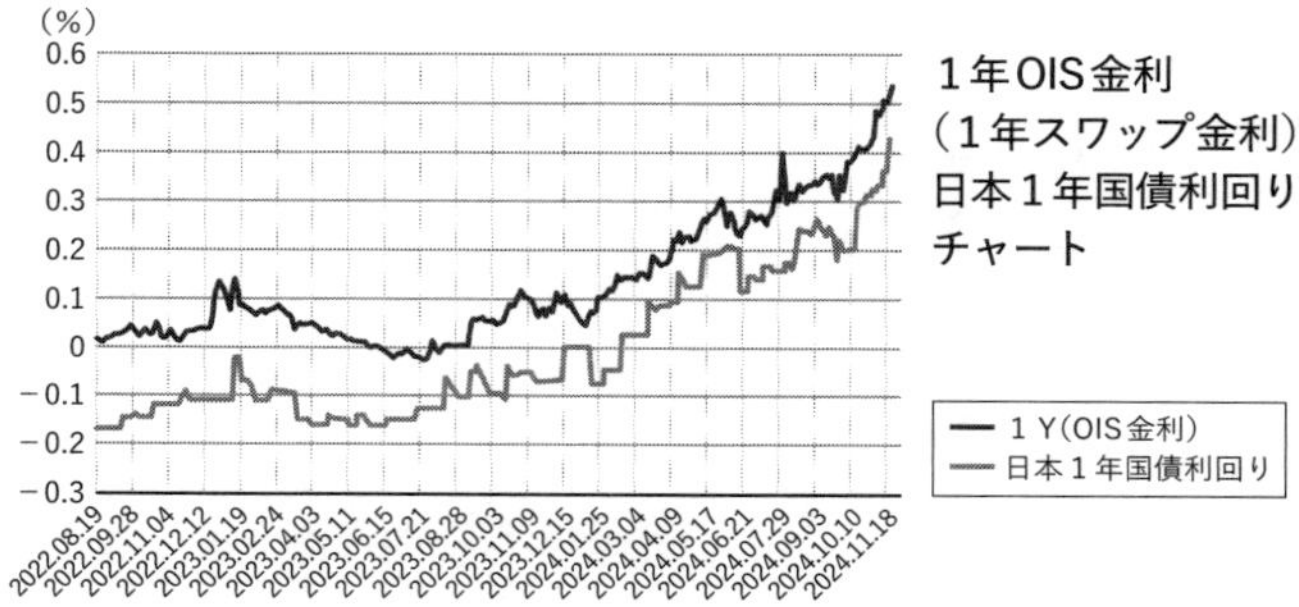

1年OIS金利
（1年スワップ金利）と
日本1年国債利回りの
チャート

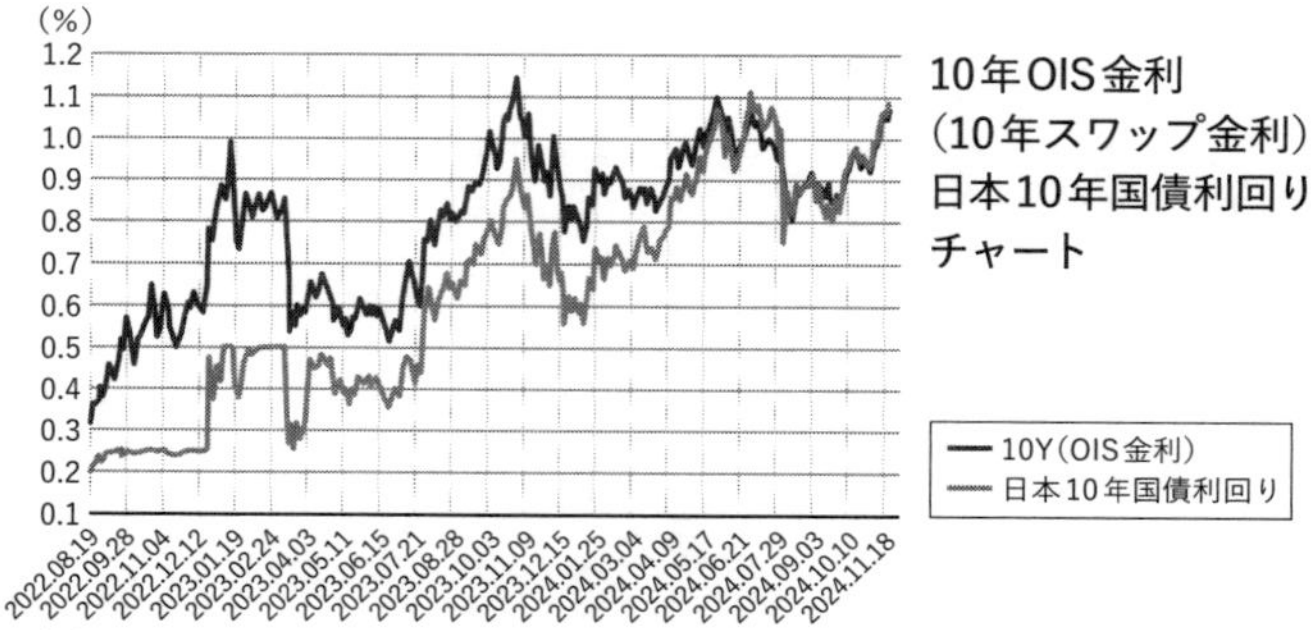

10年OIS金利
（10年スワップ金利）と
日本10年国債利回りの
チャート

30年OIS金利
（30年スワップ金利）と
日本30年国債利回りの
チャート

出所：株式マーケットデータ（https://stock-marketdata.com/）

国債と金利スワップ市場のイールドカーブ

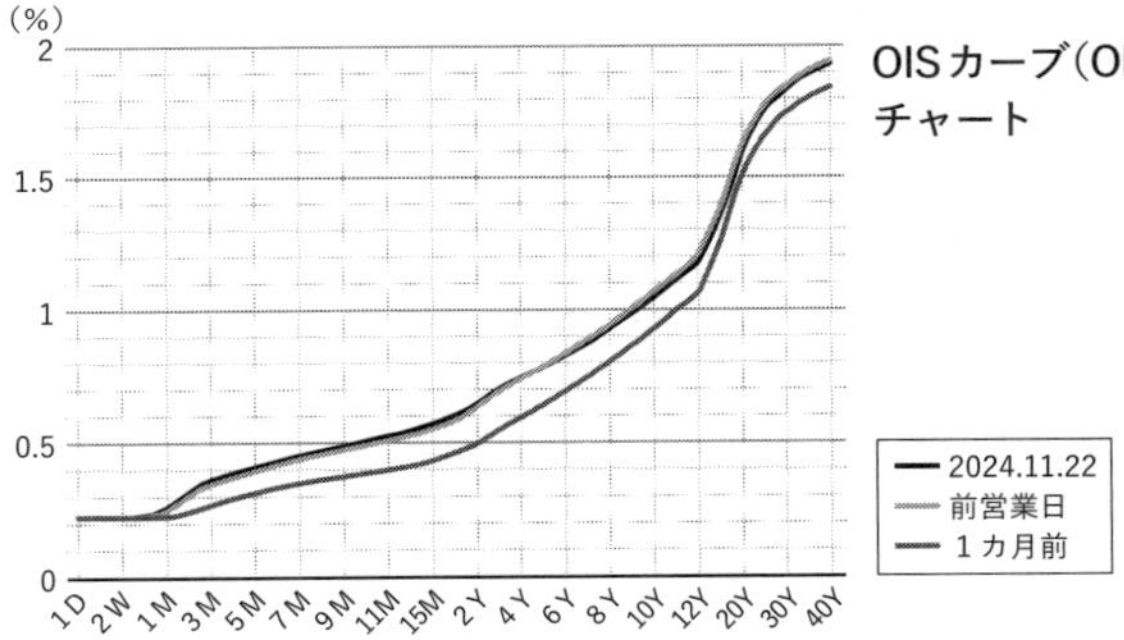

OISカーブ(OIS曲線)のチャート

上のOISカーブ（無担保翌日物スワップ曲線）は、下記の短期から長期にわたる各年限（６カ月、１年、10年、30年）のOIS金利を合成したもの。これによって金利市場の全体像を示し、翌日物金利を基準に市場が将来の政策金利や経済状況をどのように予測しているかを表している。また、各期間のOIS金利と同じ期間の国債利回りを比較することで、短期金利の動きがどのように長期金利に波及するか、また市場が各期間の金利に対してどのような期待やリスクを織り込んでいるか、視覚的に理解できる。金利市場全体の構造とその変動要因を考える際には、これらの図が前提となる。

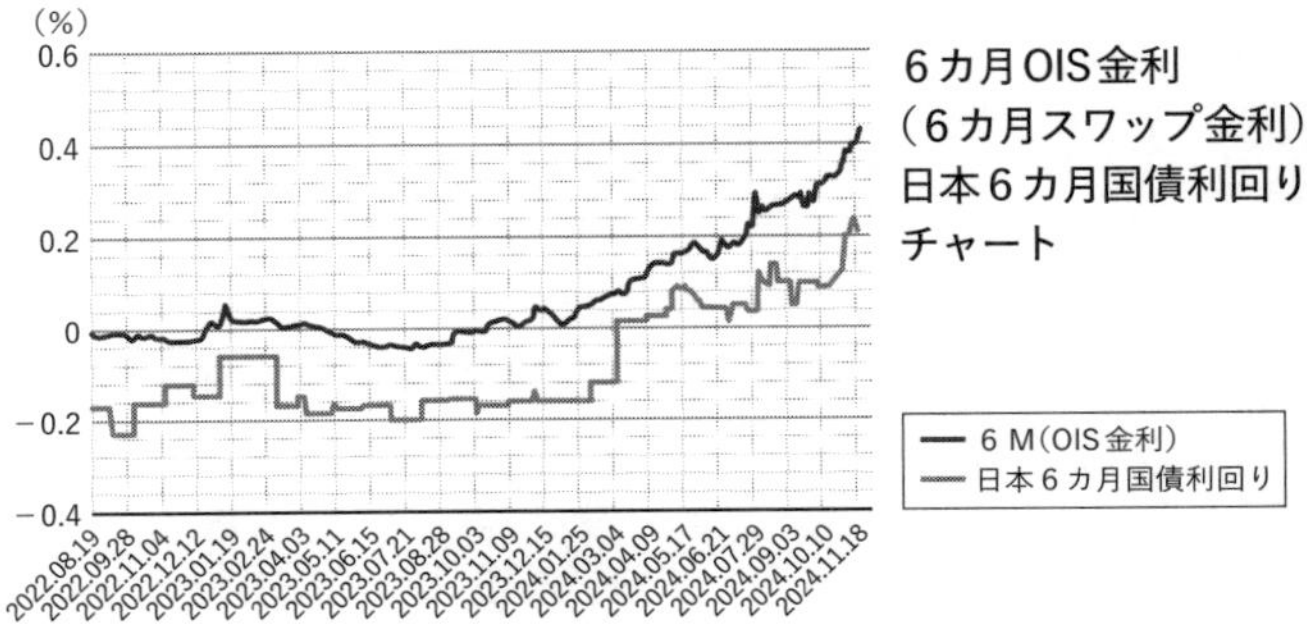

６カ月OIS金利(６カ月スワップ金利)と日本６カ月国債利回りのチャート

イールドカーブの形状に影響を与えます。短期金利は通常、中央銀行の政策金利を基準に決まるので、金融政策によって大きく変動します。長期金利は、主に市場参加者の実需や思惑が反映されます。金融政策の影響もありますが、短期金利に比べると影響する割合は小さくなります。

形状は基本的に、「上昇」「平たん」「逆転」の3つに分類できます。

上昇型は、主に経済が成長している過程で見られる形状です。長期資金が相対的に債券市場より企業の設備投資や個人の住宅投資に向かいます。結果として総需要を押し上げるためにインフレ期待が高まり、長期金利は上昇しやすくなります。こうした状況が過熱すると、中央銀行の金融引き締め策により短期金利は上昇傾向になり、債券から株式や実物投資に向かっていた資金の流れが衰えるため長期金利の上昇傾向が弱まります。そのためイールドカーブは平たん型に移行し、この状況がさらに進むと経済の停滞が進行するため、逆転型になるというのが一つのパターンです。

すでに説明した通り、イールドカーブは異なる満期の債券利回りを結んでグラフ化したものですが、基本的にある年限の債券利回りは、それより短い年限の利回りを前提に成立します。当たり前のことを難しくいっているように聞こえるかもしれませんが、具体的には2年物、5年物、10年物の利回りで考えると、10年物の利回りは、2年、5年物の利回りを前提に、5年物の利回りは、2年物の利回りを前提に成立するという意味です。

スポットレートとフォワードレートの関係

イールドカーブに各市場の利回りが反映されるということは、各年限の相場成立に影響を与える要因もイールドカーブの形成に影響を与えます。たとえば、金利スワップ市場で15年の固定レートが1・3%だとすると、交換される変動金利のレートで同じ期間のキャッシュフローを運用、または調達した場合のレートが1・3%になることを示しています。

厳密には、双方のキャッシュフローの総額を市場金利で割り引いて現在価値に直すと同じ価値になるはずです。キャッシュフローの等価交換の成立が、金利スワップ市場の基本的な仕組みになっています。

イールドカーブを理解するには、「スポットレート」と「フォワードレート」の考え方を知っておく必要があります。両者の違いは、そのレートに応じた一定の期間が現時点から始まっているのか、それとも将来の時点から始まっているかの違いです。

スポットレートは約定してすぐに適用されるレートです。一方、フォワードレートは先スタートのレートで、約定時点ではレート適用期間はまだ始まっていません。スポットレートが適用される期間より長い日数を経て、対応する適用期間が始まります。

理論上、フォワードレートの計算方法は二つのスポットレートを使って算出できます。たとえば1年物のスポットレート、2年物のスポットレート、1年後にスタートする1年間のフォワードレートは次の図のような関係になります。

フォワードレートが上昇する際は、イールドカーブ全体が上昇する傾向があります。フォワードレートが上昇するということは、将来の金利上昇期待を反映しているためで、長期金利を押し上げることになるからです。

すなわち、イールドカーブが上昇する要因の一つにフォワードレート上昇があるといえます。ただし、フォワードレートの上昇以外にも、中央銀行の金融政策、インフレ期待、経済成長見通しなどがイールドカーブ全体を押し上げることがあります。

スポットレートとフォワードレートの関係

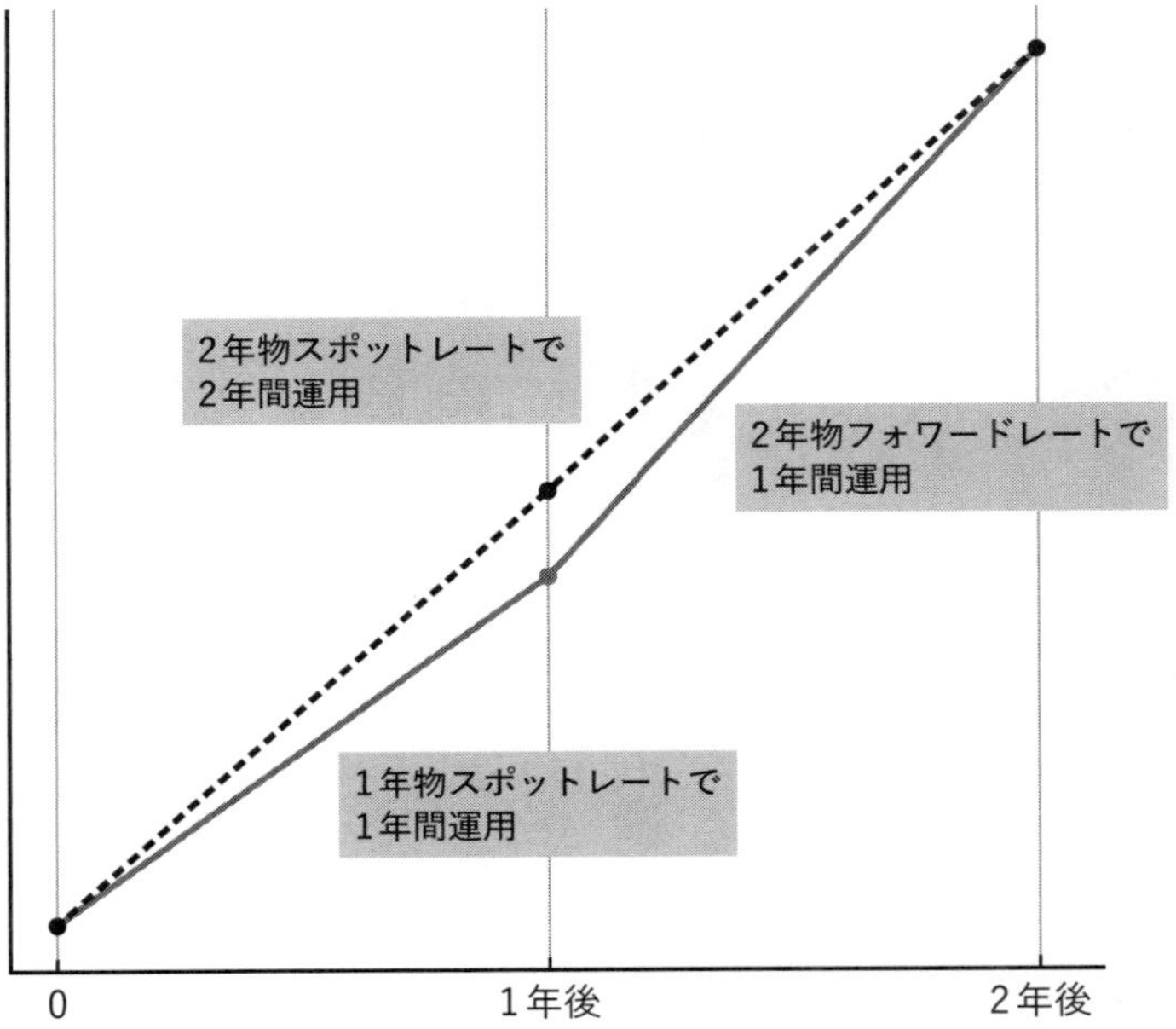

（1＋2年物スポットレート）2
＝（1＋1年物スポットレート）×（1＋1年物フォワードレート）

この式の左辺は「２年物スポットレート」を使用して２年間の収益を複利で計算したもので、右辺は「１年物スポットレート」と「１年物フォワードレート」を掛け合わせて、２年間の収益を計算したもの。上のグラフのように、それぞれの計算結果は一致する。

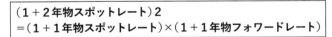

完全な「リスクフリー」は存在するのか

「リスクフリーレート」は、金融投資や経済分析がテーマになっているときによく用いられる言葉です。この「リスクフリーレート」とは何でしょうか。そして、完全にリスクがない資産などというものは存在するのでしょうか。

リスクフリーレートとは、元本や利息の支払いがまったく安全で、投資先が履行しない、あるいは支払いが遅延する懸念がない場合の金利です。市場変動や経済の変化によって元本や利息の受け取りに問題がない投資先の金利とされています。

まず代表的なものに、国債の利回りがあります。国債は政府が発行するものであるため、民間のような倒産リスクがないと考えられ、信用リスクがゼロと仮定されます。したがって、国債の利回りはリスクフリーレートとされます。ただし、長期国債の場合、期間が長い分だけ変動リスクが高くなり、短期国債よりリスクは高くなります。

ほかにも、無担保コール翌日物レートや預貯金もリスクフリーレートとされることがあります。これらも市場の相場変動リスクがゼロと見なされているからです。ただし、金融機関の信用リスクがゼロであることが前提です。

日本の短期国債は理論的にリスクフリー

リスクフリーレートは、「リスクフリー」という名前がついていますが、厳密にいえばリスクがゼロとはいえません。そのリスクには、信用リスク、インフレリスク、流動性リスクなどがあります。

信用リスクとは、発行体が債務を履行しないリスクです。国債や無担保コール翌日物などは、元本や金利を支払う国や金融機関の債務不履行リスクをゼロとして見ていますが、実際にはまったくないわけではありません。経済全体から見れば金融機関の破綻は非常に少なく、国のデフォルトも特殊なケースですが、リスクがゼロだとは言いきれないのです。実際に南米や南欧などでは国のデフォルトが発生しています。

インフレリスクは国内で通貨が減価する、すなわち物価が上昇するリスクです。リスクフリーレートで得られる名目上の収益が、実質的な価値において減少してしまう可能性を指しています。

リスクフリーレートとは、投資において理論上、信用リスクを含まない金利を指します。日本では国債市場で形成される金利、特に短期国債のレートがリスクフリーレートとして参照されるケースが多いです。社債などさまざまな債券価格の決定は、理論的にこのリスクフリーレートを基準に発行体の信用スプレッドを加味したレートで決まります。

信用スプレッドとは、投資家が信用リスクをとる見返りに要求される上乗せレートです。したがって、債券利回りとリスクフリーレートが市場でわかると、市場が信用スプレッドをいくらで見ているかがわかります。信用格付けの低い発行体ほどリスクは大きく、信用スプレッドも大きくなります。

また金利スワップの精算時にもこのリスクフリーレートが使われます。たとえば変動金利と固定金利のキャッシュフローを交換する金利スワップの固定金利は、リスクフリーレートを基準に固定金利を支払う側のリスクを上乗せしたレートになります。

日本の場合は変動金利として3カ月物ＴＩＢＯＲ（Tokyo InterBank Offered Rate・東京銀行間取引金利）が用いられることが多く、あらかじめ定められた期間の金利が用いられます。これに対して、翌日物金利がありますが、これは欧米で一般に用いられる変動金利です。最近

債券利回りとリスクフリーレートの関係

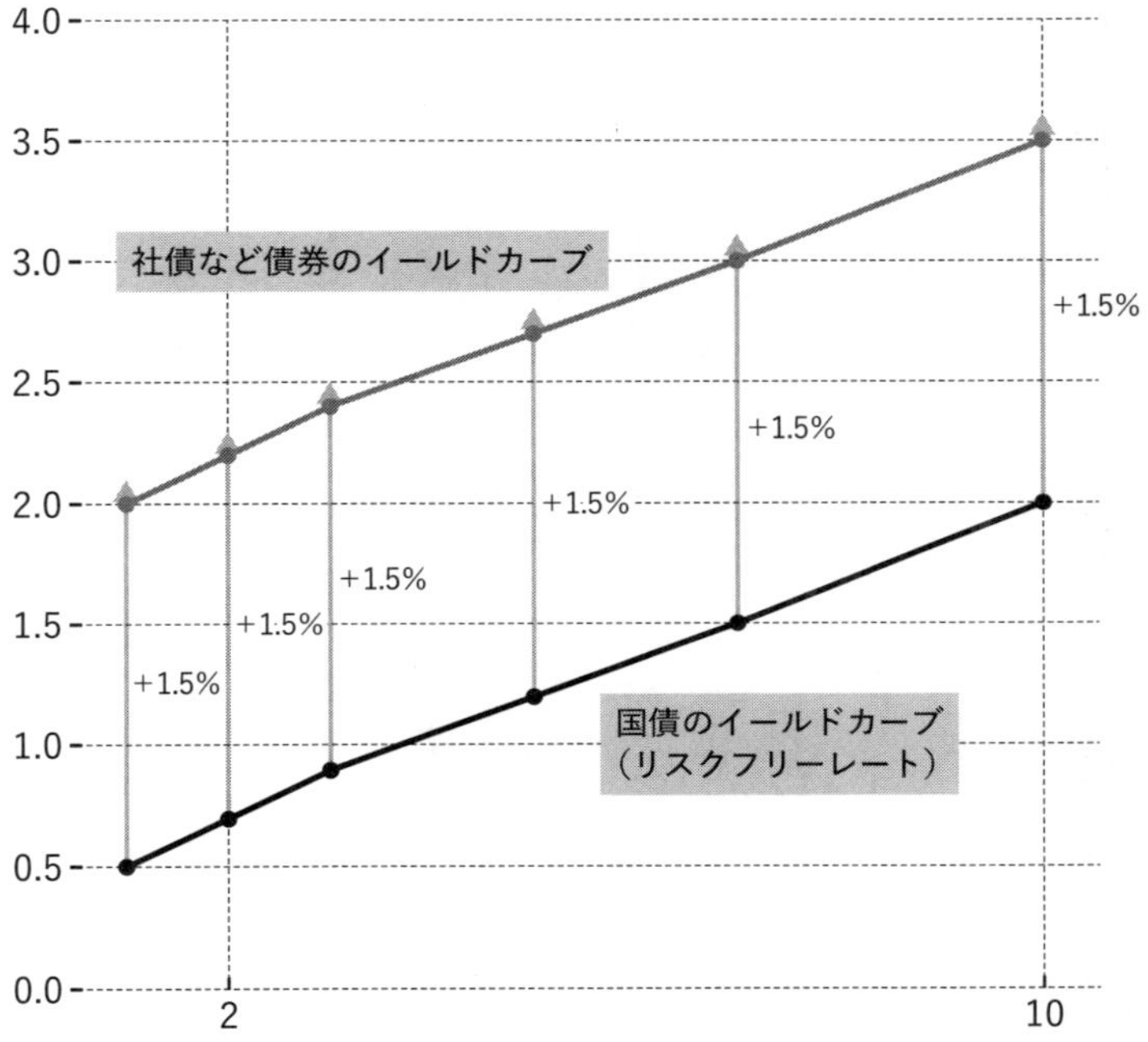

債券利回り＝リスクフリーレート＋信用スプレッド

仮に、横軸を年数、縦軸を利回り（%）として、国債のイールドカーブと社債のイールドカーブが上のような関係であれば、その利回り格差の1.5%が信用スプレッドになる。

は日本でも、翌日物金利をもとにして東京金融取引所が算出する東京翌日物平均金利（TONA）も利用されています。

基準金利として広く使われていたLIBOR

1980年代以降、LIBOR（ロンドン銀行間取引金利、London InterBank Offered Rate）は、世界の金融市場で基準金利として広く利用されてきました。LIBORは、国際的な金融機関が短期間で資金を貸し借りする際の基準金利であり、米ドル、ユーロ、英ポンド、スイスフラン、日本円などの主要通貨について、ロンドン時間11時時点におけるレートが算出されました。

この金利は、主要なレファレンス銀行が他の銀行に資金を貸し出す際の推定金利をもとに設定され、多くの金融商品やローンの金利設定に広く活用されてきたのです。

「レファレンス銀行」とは、LIBORの基準を決めるために使われる、特定の銀行のことです。ＬＩＢＯＲは多くの銀行が資金を貸し借りする際の金利で、他の金利の目安として幅広く利用されていました。ＬＩＢＯＲの計算は、まず信頼性のあるいくつかの銀行が「今の金利はどれくらいか」という見積もりを出し、各銀行が毎日その日の金利を報告し、それをもとに最終的に基準として公表するという仕組みでした。この「レファレンス銀行」には大手の銀行が選ばれていて、市場の動きや取引の状況をもとに、なるべく正確な金利を報告するという役割がありました。

ロンドン市場でＬＩＢＯＲが誕生した背景には、何世紀にもわたってロンドンが国際金融の中心地としてその地位を維持してきたという事実があります。第二次世界大戦後の１９４４年、ブレトン・ウッズ体制と呼ばれる為替相場安定を目的とした金・ドル本位制が成立する以前は、イギリスのポンドが世界の基軸通貨であり、ロンドンが国際金融取引の中心地でした。また戦後のロンドンはユーロダラー市場として発展しました。

その結果、ＬＩＢＯＲが広く世界中の金融取引で使用されるようになりました。ユーロダラー市場というのは、ポンドに代わり新たに基軸通貨としての地位を得た米ドルの、アメリカ国外での取引市場のことです。ドルが基軸通貨として台頭する以前から国際金融市場として発展を遂げてきたロンドンが、米ドルの大きな取引市場として発達しました。アメリカ国内には預金金利の上限規制や資本規制などがあり、国外での取引が拡大する要因があったのです。ロンドンの銀行が算出するＬＩＢＯＲが基準金利としての地位を確立したのも自然な成り行きでした。

ＬＩＢＯＲの金利動向は、住宅ローン、その他の企業向け融資、金融派生商品（デリバティブ）など、多くの金融商品に影響を与えます。多くの金融取引が、ＬＩＢＯＲを基準に条件が決められるからです。

ＬＩＢＯＲの地位を転落させたある事件

ところが、世界の金融取引におけるＬＩＢＯＲの重要性は薄れつつあり、新たな基準金利にその地位を譲ろうとしています。どうして、そのようなことになったのでしょうか。

ＬＩＢＯＲは、銀行が自己申告制で提示する金利の平均を指標として公表するものでしたが、第三者が公正さをチェックする仕組みはなかったのです。仮に、この数字が実際に取引された金利、あるいは取引を前提として算出された金利なら、今回のように、第三者によるチェックの重要性が見直される契機にはならなかったかもしれません。

通常、銀行と取引企業で銀行が市場から調達した資金を貸し出す場合、銀行はファームレート（実際に取引できるレート）やインディケーション（気配・参考値）で出されたレートを相手企業に提示します。仮にインディケーションが提示され、それが取引企業から見て取引したいレートであっても、実際にそのレートで取引することはできません。あくまでその時点での市場動向を加味した参考値です。その後に、実際に取引する段になり、ファームレートが提示され取引企業がそれに応じれば、そのレートで成約します。

「TONA」が代替リスクフリーレート

LIBORについても、レファレンス銀行が提示するレートは、このインディケーションの方であり、実際に取引可能かどうかは関係のない参考値です。悪くとらえれば操作可能なレートともいえ、実際に不正な操作が複数の銀行で行われたのです。

その内容は、自社の金融商品の利益を最大化するためにLIBORの値を操作したり、自社の信用力を高く見せるために不当に低いレートを提示したりするものでした。この事件は、LIBORのリスクフリーレートとしての信頼性を大きく揺るがしました。リスクフリーレートは、本来ならば最も安全で信頼性の高い金利であるべきです。しかし、この事件が明るみに出たことにより、その前提が崩れたのです。その結果、金融市場においてLIBORに替わる信頼性の高い基準金利を導入する必要性に迫られます。

現在では、アメリカではSOFR（担保付翌日物調達金利）、イギリスではSONIA（ポンド翌日物平均金利）、ユーロ圏ではESTR（ユーロ短期金利）、日本ではTONA（東京翌日物平均金利）などが、基準金利としてLIBORの代わりに用いられるようになりました。

金利水準に織り込まれる信用リスク

信用リスクとは、借り手が元本や利息を返済できなくなるリスクのことです。このリスクが高まれば、投資家はその分、高い見返りを要求するため、金利上昇につながります。

信用リスクは、企業の財務状況や経済環境の変化に大きく影響されます。

この信用リスクは、金利に最終的に織り込まれて市場で表示されます。リスクフリーレート（通常は国債利回り）に対して、この信用リスクが追加されて最終的な金利になることはすでに説明しました。この追加分を信用スプレッドといいます。たとえば、リスクフリーレートが２％で、ある企業の債券が５％であれば、この企業の信用スプレッドは３％です。この場合、投資家の要求するリスクプレミアムが３％であることを意味します。

このように、信用リスクは何％かで数量的に表すことができるだけではなく、それを評価することもできます。一般によく知られている代表的なものに、信用格付けとクレジットデフォルトスワップ（ＣＤＳ）があります。

信用格付けは、信用格付け機関（ムーディーズ、スタンダード＆プアーズなど）が発行体の財務状況や経営の健全性を分析し、債務を履行する能力を評価します。格付けのカテゴリーは評価の高い、すなわち信用リスクが低い順にＡＡＡ、ＡＡ、Ａ、ＢＢＢ…というようにアルファベットで表され、明確にランクづけされます。これにより投資家は、格付け上の投資適格、投資不適格を判断することができます。

クレジットデフォルトスワップ（ＣＤＳ）は、信用格付けと同様、信用リスクを評価する重要な手段になります。これは、債務不履行に対する保険と考えることができます。CDSの買い手は、破産や債務条件の変更など一定の事象が発生した場合は、売り手より定められた支払いを受ける取引です。取引期間中は、買い手は売り手に対し、保証料に相当する定期的な支払いが生じます。この保証料はスプレッドと呼ばれ、信用リスクが高くなるほど高くなります。信用格付けと異なりCDSは市場が存在するため、信用リスクの変動をおおむねリアルタイムで把握する手段になります。

第3章

金利上昇の背景にある原因とは

金利上昇は長期的なトレンドになった

金利の変動は大きな波が連続して一つの波を形成しているように見えますが、そのなかではさらに小さな波が連続して構成されているのが普通です。これは、金利の短期的な変動要因と長期的な変動要因が異なるために起こります。短期とは通常1年未満のことですが、本書では政策金利変更の影響が考えられる2～3年程度の中期も視野に入れ、長期はおおむね5年以上として話を進めます。

短期的な金利の変動要因としては、以下の二つがあります。

1.中央銀行の政策変更

中央銀行が政策を変更すると、これが金利の変動につながります。たとえば、経済の基礎的な状況（景気や物価の動向）が変わり、景気が過熱して物価が上がりすぎる場合、中央銀行は金利を引き上げることでお金を借りにくくして、物価の上昇を抑えようとします。逆

金利は「長期的な波」と「短期的な波」の合成

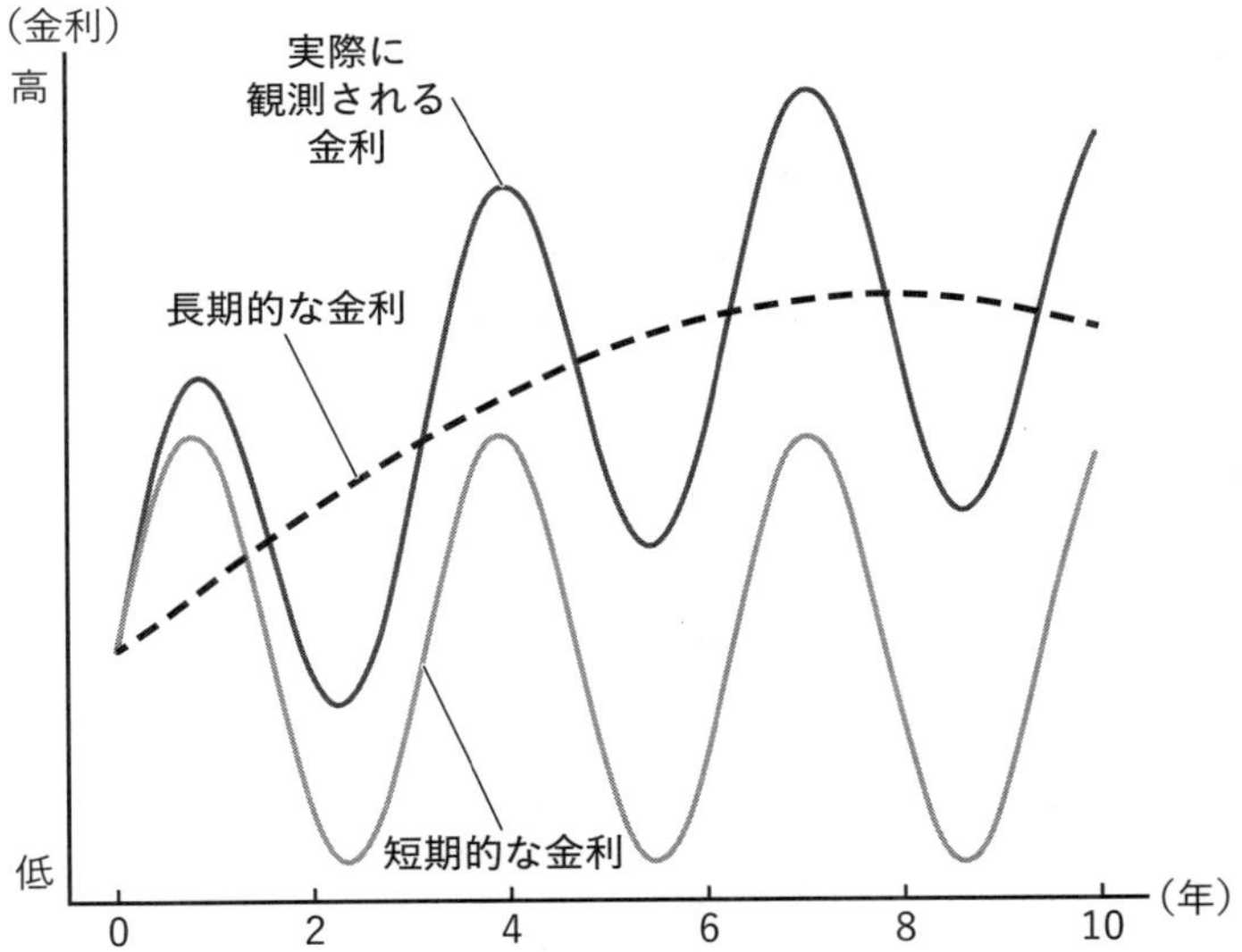

長期的な波(5年以上)

長期的な金利のトレンドは、財政政策(国債発行)や経済の構造的要因(GDP成長率やインフレ率などの見通し)によって形成される。

短期的な波(主に1年未満)

短期的な波は、金融市場における資金の需給関係や、中央銀行の政策金利など短期資金の金利や量の操作、個々の政治・経済イベントに対する投資家の心理動向などにより形成される。

実際に観測される金利(短期的な波と長期的な波の合成)

実際に金利市場で観測される金利変動は、長期的なトレンドと短期的な変動が重なり、合成された形となる。

に、景気が悪化して人々の消費や企業の投資が低迷すると中央銀行は金利を下げ、お金を借りやすくして経済を支えるのです。

このように、経済の基礎的な状況に応じて中央銀行が政策を調整することで、私たちの生活に直接影響する金利の動向を左右しています。

2.金融市場の一時的なショック

市場が予期していなかったような突発的なイベント（市場の相場材料とされるような政治・経済上の出来事）で、市場の相場が大きく変動する場合、市場金利も上下どちらかに変動することになります。個別の金融機関が破綻する影響が金融市場や金融システム全体に波及するシステミックリスクが高まり、金利が急上昇する場合などです。

2020年、パンデミックにより一時的に金利が急低下したことが例として挙げられます。経済活動が急速に停滞し、投資家が安全資産である国債に資金を移した結果、国債の価格が上昇し金利は低下。中央銀行による緩和政策の影響も加わり、金利低下傾向がいっそう顕著になりました。

近年の経済情勢においては、パンデミック後の経済の急回復や、経済危機・金融危機対応のための政府による巨額の財政支出により、金利上昇懸念が高まっています。こうした背景のもと、なぜ金利が上昇するのか、そのメカニズムを理解することは、経済を読み解くうえで非常に重要です。

金利上昇に結びつく5つの要因

市場経済における金利の上昇要因はいくつかあります。以下にその仕組みを説明します。

1.経済成長と金利の関係

経済が成長する過程では、企業や個人の投資意欲が高まります。企業は新しい設備を購入したり、事業を拡大したりするために資金を借り入れます。一方、個人も住宅ローンを組んで家を買ったり、消費を増やしたりします。

このようにして資金需要が増加すると、貸し出しを行う金融機関はリスクや機会費用の対価として高い金利を要求するようになります。経済成長が続くと資金需要は増加し、それに伴って金利も上昇します。

2.政府の財政政策

政府が経済を刺激するために公共事業を増やしたり減税を行ったりすると、民間部門の支出が増加します。これにより経済全体の需要が増えると物価が上昇し、インフレ圧力がかかります。インフレが進むと、中央銀行はこれを抑制するために政策金利を引き上げることがあります。

政策金利が上昇すると、それに連動して市場の金利も上昇します。これは中央銀行が短期金利をコントロールすることで、金融機関の貸出金利に影響を与えているためです。結果として経済全体の金利が上昇します。

3.中央銀行の金融政策

中央銀行は、経済の安定化を図るために金利を調整します。たとえば、経済が過熱してインフレが進んでいる場合、中央銀行は金利を引き上げることで消費と投資を抑制しようとします。金利が上昇すると借り入れコストが高くなるため、企業や個人は借り入れを控えるようになります。これにより、経済活動が適度なレベルに抑えられ、インフレが沈静化します。

4.需要と供給のバランス

市場における資金の供給と需要のバランスも金利に影響を与えます。たとえば、金融市場での資金供給が豊富であれば金利は低くなります。しかし、資金の需要が供給を上回ると金利は上昇します。このバランスは政府や中央銀行の政策、企業や個人の投資行動、さらには国際的な資金の流れによっても影響を受けます。

5.インフレ期待

企業や個人のインフレ期待も金利に影響を与えます。将来、インフレが高進すると予想される場合、投資家はそれに見合う高い金利を要求します。将来物価が上昇し、仮に名目金利が上昇しなかった場合、実質的な利回り低下を意味するからです。それを避けるためには、物価上昇分をカバーするだけの高い金利が必要なのです。したがって、インフレ期待が高まると名目金利もそれに伴って上昇することになります。

金利の上昇は、経済成長、政府の財政政策、中央銀行の金融政策、需要と供給のバランス、そしてインフレ期待といった複数の要因によって引き起こされます。これらの要因が相互に作用し、金利の動向を決定します。経済が健全に成長し、インフレが適度に抑えられている場合、金利は安定的に推移することが期待されますが、いずれかの要因が大きく変動すると、金利もそれに応じて変動することになります。

金利に影響を与えた歴史的イベント

また、長期的な変動要因としては、経済の構造的な変化や政策の長期化によるものが考えられます。具体的には、以下のような例がありました。

1．オイルショック→スタグフレーションが高金利の引き金に

１９７０年代に起こった二度のオイルショックの後、アメリカは持続的なインフレと金利上昇を経験しました。インフレ抑制のための高金利政策が長期にわたる経済の安定をもたらした一方で、短期的には深刻な不況を引き起こしました。この場合の金利上昇と高金利の持続は、構造的なインフレ圧力によるものといえます。

１９７９年にポール・ボルカーがＦＲＢ議長に就任し、ＦＲＢはインフレ抑制のために大胆な高金利政策を実施しました。１９８１年にはＦＦレートが19％にまで引き上げられます。また、厳格な通貨供給量の管理、銀行の義務となっている準備預金を通じた引き締め政策の強化により、総体的に流動性供給を減少させる政策を採用しました。

2．ネットバブルとサブプライムローン危機

１９９０年代後半から２０００年代の初頭にかけて、インターネット関連企業の株価が急騰し、ＩＴバブルが形成されました。２０００年にこのバブルが崩壊し、企業倒産や株価急落につながりました。この後、アメリカ経済はリセッションに陥ることになります。

アメリカの金利水準（1995～2015年）

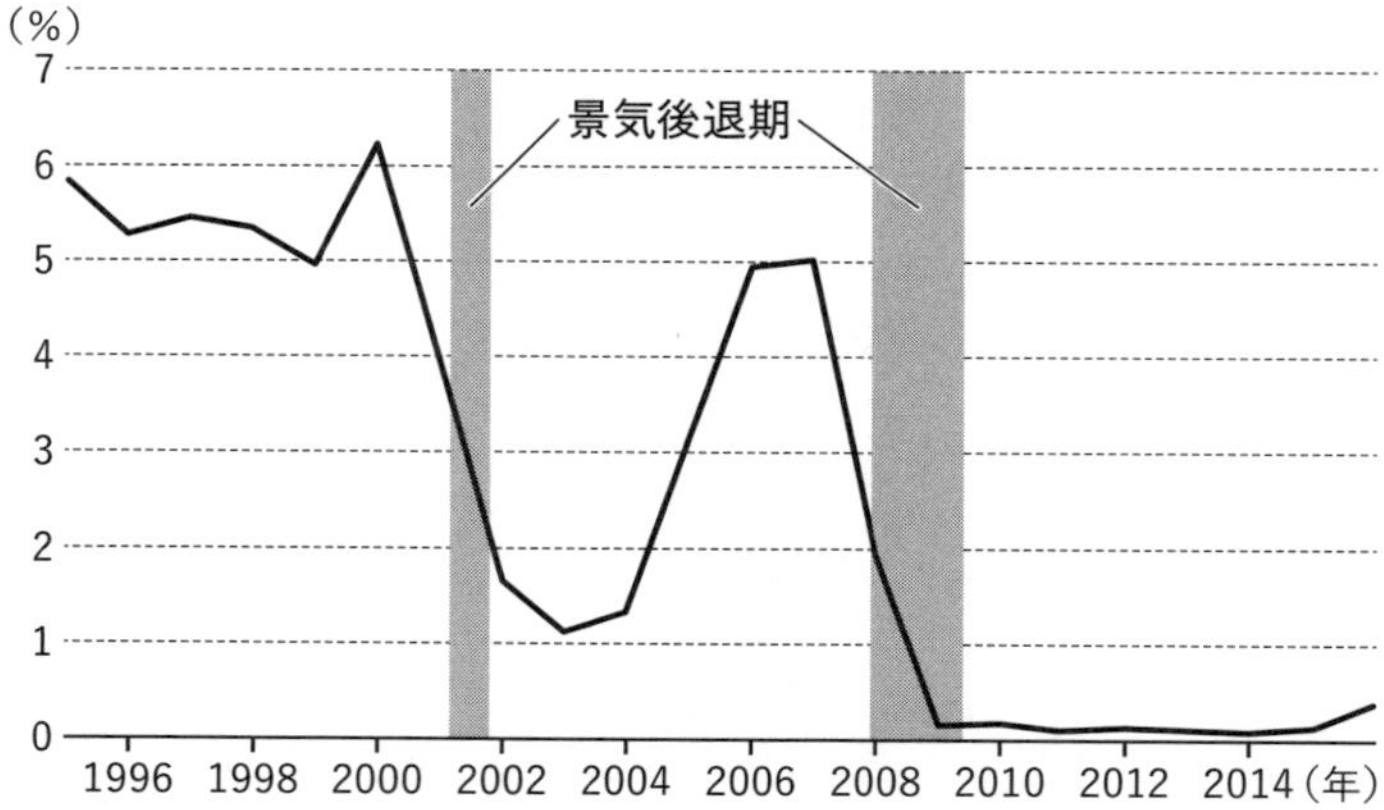

出典：米セントルイス連邦準備銀行

ＦＲＢはこの状況に利下げで対応しました。２０００年には６・５％だったＦＦレートは、その後１・０％まで低下し続け、２００４年に利上げに転換されるまで追加利下げが実施されました。２００４年６月には景気回復の傾向が見えインフレ圧力が高まるなか、１・０％から１・25％への利上げが実施されます。この利上げの流れは２００６年６月に５・25％になるまで続き、金利水準は２００７年以降にサブプライムローン危機が発生し、ＦＲＢが利下げに転換するまで維持されました。

サブプライムローン危機が世界的な金融危機に発展する段階で、ＦＦレートは実質ゼロになるまで切り下げられ、金融政策も米国債や住宅ローン担保証券（ＭＢＳ）を購入する量的緩和（ＱＥ）政策が加わり、２０１５年12月まで実質ゼロ金利の政策が持続されることになりました。

金利を貨幣の供給量と物価水準で説明する

金利の長期的な変動には、理論的にもいくつかのモデルがあります。その一つは、古典派経済学の理論である「貨幣数量説」です。これは、貨幣の供給量と物価水準の関係により金利を説明するという理論です。

すなわち、貨幣供給量が増加すると全体の物価水準も上昇し、金利も上昇するということになります。これは、以下の等式で表されます。

MV＝PT

貨幣供給量（M）×貨幣の流通速度（V）＝物価水準（P）×取引量（T［経済活動の量・実質GDP］）

これにより、貨幣供給量が増加する（M↑）とインフレが発生する（P↑）という関係が成り立ちます。簡単にいえば、等式の左辺はお金が世の中にどの程度存在して、それが財やサービスの取引の裏側としてどの程度動いているのか、つまり名目GDPを表し、右辺は物価と実物経済の財やサービスの取引量を示しているので、やはり名目GDPを示していることになります。

さらにアメリカの経済学者アービング・フィッシャーは、この理論を補完するものとして、名目金利と実質金利、インフレ率の関係を表すために次のような方程式を提唱しました。

名目金利＝実質金利＋期待インフレ率
期待インフレ率が上昇すれば名目金利も上昇するという関係が成り立つ。

量的緩和がインフレに直結しないこともある

以上の関係がわかったところで、最近の出来事を振り返ってみます。世界金融危機が発生した2008年以降、世界中の多くの中央銀行が金融危機に対応するための大規模な流動性供給、すなわち量的緩和策を行いました。この結果、貨幣供給量（M）が急増しました。しかし、実態としてこの間、物価水準（P）の上昇は急速に進んだとはいえません。

たとえば、アメリカの消費者物価指数（CPI）は2008年後半の5％をピークに、また、ユーロ圏は4％をピークに急速に低下し、1年後にはマイナス圏に陥るなど、むしろ逆の動きになっています。この理由として、V（貨幣の流通速度）の低下とT（経済活動）の低下が考えられます。実際、2009年は両地域とも名目GDP成長率が前年比マイナスとなっていることから、右の式でMVもPTもマイナス、すなわちM（貨幣供給量）の増加を打ち消すほどV（貨幣の流通速度）とT（経済活動）が落ち込んだことになります。

MV＝PT

貨幣供給量（M↑）×貨幣の流通速度（V↓）＝物価水準（P↓）×取引量（T↓）

つまり、貨幣の流通速度（V）と取引量（T）の低下が貨幣供給量（M）の上昇を打ち消してしまった。

Vの低下は、経済不安から個人が消費や投資を控え、Tの低下は同じ理由で企業が経済活動を抑制することで説明されますが、基本的にVとTは密接に関係しているものであり、景気低迷期には双方とも低下するものと考えられます。

したがって、期待インフレ率も0％付近に押し下げられ、フィッシャーの方程式から名目金利も低水準で推移したことが説明できます。また同時に金融政策も、政策金利が実質ゼロ近辺に押し下げられたため、この意味でもイールドカーブ全体が下方シフトし、低金利時代が続いたことがわかります。

最近のアメリカのインフレはデマンドプル型

そして世界金融危機から10年余りを経て、再び金融市場を世界的な危機が襲いました。COVID-19のパンデミックです。各国の金融政策は大規模な金融緩和策を採用せざるを得なくなり、日本とユーロ圏の中央銀行など、一部にはマイナス金利政策を採用する政策当局も出てきました。

サブプライムローンの崩壊とそれに続く２００８年のアメリカ大手証券会社の破綻に象徴される金融危機は、金融システム全体の危機でした。その結果、銀行や金融機関が大きな損失を被り、多くの金融機関の破綻が発生し、政府による救済が行われました。

アメリカのインフレ率

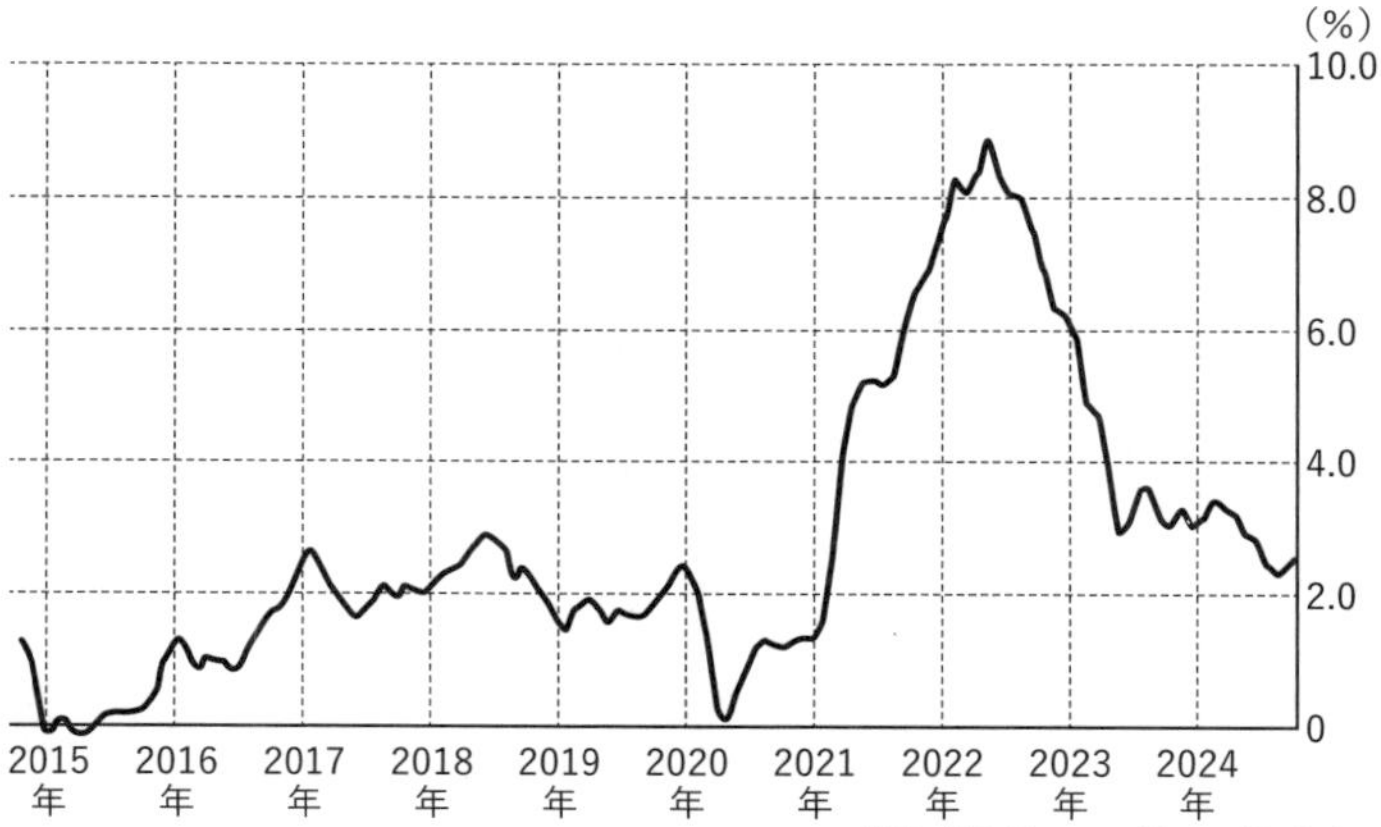

出典：U.S. Bureau of Labor Statistics

さらに企業や個人への貸し出しが急減するという信用収縮の動きが顕著に見られ、金融システムの安定化と信用市場の再構築には時間がかかりました。

コロナ後にインフレが加速

それに対して、２０２０年初からのＣＯＶＩＤ－１９によるパンデミックは経済停滞を引き起こしました。外出禁止による個人消費の減少やサプライチェーンの機能不全で一時的に経済活動が停止・制限され、経済活動が低迷します。

とはいえ２００８年の危機のように金融システム自体が毀損することはなく、比較的健全な状態を保っていたため、パンデミックの収束に伴い、経済活動は迅速に再開され急速な需要回復が起きました。この結果、古典派の等式（MV＝PT）では、左辺のM（貨幣供給量）とV（貨幣の流通速度）がともに急上昇し、右辺で見ると経済活動の活発化を反映して、P（物価水準）とT（取引量）が急上昇したのです。

この結果、フィッシャーの式により期待インフレ率が上昇し、名目金利も上昇するという動きになりました。この2021年以降に発生した物価上昇は、需要急増という古典派の数式で説明できます。つまり、デマンドプル（需要けん引）型のインフレが発生したのです。

さらにこの物価上昇は、需要急増で説明可能な要因だけではなく、サプライチェーンの制約という別の要因もあります。パンデミックにより、生産コストが増加し総供給が減少したため発生した物価上昇です。いわゆるコストプッシュ（費用押し上げ）型のインフレです。

世界中で急増している政府債務

以上見てきたように、直近の十数年間に大規模な金融緩和策が行われ、さらに2020年以降のパンデミック後の経済社会は、需要増加と生産や流通のコスト増加が同時に発生し、物価上昇を加速させることになりました。そして、長期的に見れば、この傾向は持続的なトレンドになると考えられます。

パンデミック後の経済回復に伴う消費者支出や企業の投資の急増は、一時的に減少することはあっても、トレンドとして続くことが想定されます。生産や流通コストの増加も解消するまでには至っていません。こうした状況下、以前から高齢化や労働市場のミスマッチで労働参加率の低下傾向が見られたところに、パンデミックで多くの労働者が一時的に仕事を失ったり、リモートワークが増加したりして、さらに労働市場から労働者が退出する傾向に拍車がかかりました。

こうした労働者は、経済の総需要が回復したとしても全員が再び労働市場に戻るわけではなく、一部はリタイアして労働市場から退出する傾向にあります。したがって、労働力は慢性的に不足するなか、賃金は上昇傾向にあります。この労働力需給の慢性的なひっ迫による賃金上昇は、コストプッシュインフレを形成する要因となり、持続的に名目金利を押し上げることにつながります。

政府債務の増加も金利上昇要因

また、政府債務の増加も金利上昇の要因の一つです。ＣＯＶＩＤ-19パンデミックに対応するために多くの国で大規模な財政出動が行われ、政府債務が急増しました。ただし、政府債務の増加傾向は２００８年の世界金融危機のころから見られ、それがパンデミック危機で加速した形です。パンデミックや金融危機対応の国債増発による国債価格の下落は、すなわち金利上昇を意味します。

今後も長期的にこのような国債増発が続くとすれば、金利上昇要因ですが、国債は各国の中央銀行が大量に保有しているため、そのこと自体が将来の金利の上昇要因です。残高を減らすために市場で売却すれば、市場金利を押し上げるからです。

「正常性バイアス」が金利政策の妨げに

金利上昇傾向が続くと見られる要因は、こうした経済学的な説明のほかに、人間の心理的な作用から説明することもあります。金融政策がどのように決まるかを説明する際、常に引き合いに出されてきたのが「正常性バイアス」による政策実行の遅れです。「正常性バイアス」とは、人々が異常事態に直面したときも日常の延長ととらえ、変化に適切に反応できない心理的傾向を指します。危機や異常な状況に直面した際に、現状が続くと信じ込み、必要な対応を遅らせる原因となります。

中央銀行も正常性バイアスに影響され、実体経済や金融経済の変動を適切に評価できず、インフレの兆候を見逃すことがあります。その結果、政策を打ち出すタイミングが遅れ（いわゆる「ビハインド・ザ・カーブ」）、政策の効果が得にくい、あるいはほとんど得られない、といった状況が生じます。

インフレ傾向が強いとき、中央銀行が政策実施のタイミングを逃せばインフレに歯止めをかけられず、後追いでの政策金利の切り上げ、長短すべての年限での金利上昇を招き、しかもそれが持続することになります。各国中央銀行はパンデミックに対応するために実質ゼロ金利やマイナス金利といった金融緩和策を実施しましたが、そこから転換した現在、このようなリスクは常に存在するといえます。

市場の流動性が過剰になると……

すでに述べたように、過去の金融危機や経済危機の際に中央銀行が金融緩和策を採用し、低金利政策や量的緩和策が採用される状況下では、市場に過剰流動性が供給されました。「流動性」という用語は一つに定義されるわけではなく、文脈によって微妙な違いがありますが、ここでは現金・預金と短期投資のうち現金同等物、すなわち比較的現金化が容易な資産という概念になります。

この流動性が市場において過剰になっているということは、簡単にいうと、世の中のお金が経済活動に必要な量を超えて存在することを意味します。この原因として考えられるのは、すでに述べた低金利政策と量的金融緩和策のほかに、政府の財政拡張政策があります。この3つを比べてみるとそれぞれ特徴は異なります。

低金利政策は即時に実行できますが、銀行を始め企業や個人といった経済主体の行動が起こらなければ流動性供給量は増加しません。また、金利は原則としてゼロ以下には下げられないといった点で、効果としては残りの二つには及びません。

インフレと金利上昇をもたらす過剰流動性

量的緩和策の場合、証券などの資産購入のタイミングと量について取引相手と条件を合わせながら進めていくため、金利政策より時間は必要ですが、大量の資金を金融市場に直接放出することになるため、流動性供給自体には即効性があります。

財政拡張政策は財政赤字政策ともいえますが、政府による大規模な資金供給政策です。これは、歳入規模を超えて歳出を拡大させる財政政策です。本質は政府による財やサービスの購入ですが、それに伴う政府支出は量的緩和策のような金融市場ではなく、直接企業や個人などの民間部門の実体経済を対象としています。そのため流動性供給という意味ではさらに即効性があり、しかも政府の歳出予算で組めるため、規模も非常に大きなものとなります。一般に、過剰流動性の原因は財政政策によるケースが多く見られます。

金融危機時に流動性をもたらす唯一の存在

ここからは歴史上、現在の金融環境に最も大きな影響を与えている２００７年のサブプライムローン危機とそれに続く国際的な金融危機、さらに２０２０年以降のパンデミック危機について、中央銀行の金融政策に焦点を当てて考えてみます。

こうした金融危機に対応するために、中央銀行は市場に対する流動性供給を重要な政策と位置づけてきました。その目的について、以下の３つが考えられます。

中央銀行が市場に流動性を供給する目的

・経済の安定化
・経済成長の促進
・インフレ目標の達成

経済の安定化

金融危機に際しては、中央銀行は金融のシステミックリスクや一般企業の連鎖倒産を事前に防ぐための迅速な対応が求められます。危機の発生直後は市場がパニックになっており、金融機関の貸し出しが急減し信用が収縮する可能性が高まります。これは経済活動に大きなマイナス要因となります。

中央銀行の重要な役割は、こうしたリスクの連鎖や民間の経済活動に必要な資金供給の停滞が起こらないよう、市中銀行を通じて流動性を供給することです。

経済成長の促進

次に対応が求められるのは、投資や消費を刺激することで景気を下支えし、金融危機が経済成長のブレーキとならないようにすることです。これは、雇用創出により失業率の低下を促すことにもつながります。

インフレ目標の達成

実物経済が収縮する動きに歯止めをかけることができたら、次は物価についても対応する必要があります。すなわち、危機の後に懸念されるデフレ経済への移行を事前に防止することが必要です。持続的な物価下落現象であるデフレが続けば、それ自体がデフレを招いて消費や投資の後退につながる、いわゆるデフレスパイラルという負の循環に入ってしまいます。

このデフレを防ぐことは必須ですが、金融政策としては、さらに適度なインフレを目指すことが望ましいといえます。日米欧の中央銀行は物価上昇率２％を政策目標に掲げているため、この目標値の達成を目指した流動性供給が求められます。

過剰流動性への警戒が必要

以上のような政策目標を持って金融緩和策による流動性供給が実施されますが、注目すべきは、この結果として過剰流動性が生じた場合、最終的に金利上昇につながるリスクは拭えないということです。低金利政策や量的緩和策などによって市場に大量の流動性が供給されると、貨幣市場では金利低下を招きます。低金利環境では企業や個人の借り入れが増加し、消費と投資が促進されます。この結果として総需要が総供給を上回り、デマンドプルインフレが発生するのです。

このように、財・サービス市場で発生した物価上昇は労働市場に遅れて波及し、賃金が上昇を始めます。物価上昇が続くと労働者は賃金引き上げを要求し、労働市場が売り手市場になるためです。また、企業はコスト増加分を価格に転嫁しようとします。

このような賃金インフレと企業のコスト転嫁の動きが続くと、コストプッシュインフレの様相が強まります。またインフレが進行すると、前述したように名目金利からインフレ率を差し引いた実質金利が低下するため、実質ベースでの借り入れコストが低下し、さらにデマンドプル型のインフレを促進することになります。

急激な利上げは金融市場にどう影響するか

このように、インフレ期待の高まりによって、さらにインフレ高進が加速することになります。インフレがインフレを招く、いわば「インフレの自己強化」です。

一方で、中央銀行はインフレを抑制するために政策金利を引き上げる必要があります。しかし、前述したように、正常性バイアスによって中央銀行が経済の変化を過小評価し、インフレの進行を見逃すことがあります。すると利上げ実施のタイミングが遅れ、政策対応がビハインド・ザ・カーブ（実施の遅れ）となる可能性が高くなります。結果として、インフレ抑制のため急激な利上げを行わざるを得なくなるのです。

インフレ抑制のために中央銀行が急激な利上げを実施した場合、金融市場にはどのような影響が起きるのかを見てみます。

中央銀行の政策金利は、イールドカーブ上で最も短い翌日物金利です。たとえば、日銀であれば銀行間の余剰資金の貸借市場である無担保コール翌日物が政策金利となります。

ここで決定した金利は、銀行にしてみれば資金の仕入れコストになり、自身の顧客に対する貸し出しレートに反映されます。こうして個人や企業が参加する金融市場における短期金利の水準は決まります。中央銀行が政策金利を引き上げれば、その仕入れコストを反映して短期の銀行借入金利が上昇することになります。

急激な利上げがもたらす影響

政策金利（無担保コール翌日物）が上昇

↓

銀行の資金の仕入れコストが上昇

↓

企業や個人の資金借り入れコストが上昇

↓

経済活動が減速

長期金利も短期金利の上昇を反映して上昇します。こうした金利上昇は、リスクフリーレートである国債の利回り、あるいは金利スワップ市場のレートを通じて、すべての長期金利における基準レートの上昇となって表れます。

以上のように、インフレ期待が強まると長期金利が短期に先行して上昇します。すると長期金利の上昇で企業の設備投資や個人の住宅ローンが抑制され、経済活動が減速します。政策金利の引き上げが遅れると、景気悪化が進行します。しかも、一度引き上げられた短期金利は、高まったインフレ期待のために引き下げることが難しくなり、現状維持かさらなる引き上げの方向に動きやすくなります。こうして、経済成長の停滞と持続的なインフレが同時に発生するリスクが高まるのです。

インフレ期待の有無が金融政策の効果を左右する

「インフレ期待が高まると、長期金利が先行して上昇する」ということには、重要な意味があります。これは市場が将来のインフレを予期し、それに備えて金利を調整することを意味します。具体的には、インフレ期待が高まると投資家は将来のインフレで購買力が低下することを懸念し、より高い金利を要求するようになるのです。

これに関して、インフレ期待の有無で異なる政策効果が表れたケースを、過去の例から見てみましょう。

１９８０年代初頭、二度の石油ショックを経てアメリカ経済はインフレが高進した状態でした。消費者物価指数は前年比で約14％も上昇し、連邦準備制度理事会（ＦＲＢ）は積極的な利上げ政策を採用しました。１９８１年には政策金利であるＦＦレートが約20％の水準にまで上昇し、このため経済活動にはブレーキがかかり、経済成長を著しく鈍化させました。長期金利も15％を超える水準にまで上昇しました。

仮に、この時点でそれほど高いインフレ期待がなければ景気過熱は抑制され、長期金利は上昇ペースを緩め、ある時点から低下するシナリオも描けるはずです。しかし、その後も長期金利は10～16％のレンジで推移し、明確に低下傾向を示して10％を割り込んだのはようやく80年代後半以降のことです。

日本のインフレ率の推移（1980年～）

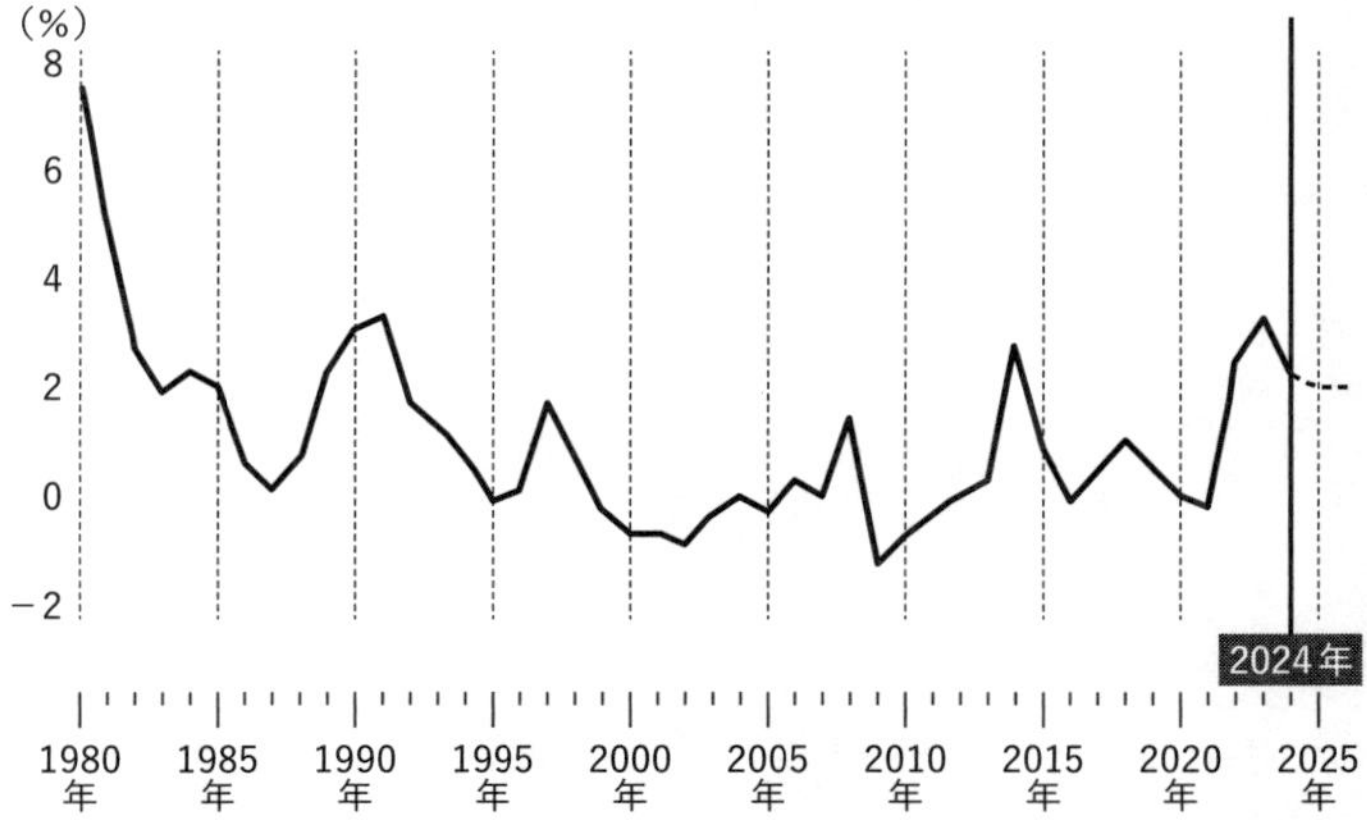

出典：IMF

インフレ期待が定着しなかった日本

一方、１９９０年代の日本はバブル経済崩壊後のデフレ環境にあり、１９９９年（平成11年）から２０００年（平成12年）にかけては、いわゆる「ゼロ金利政策」が実施されました。この時点で日銀が公式に発表していた金融市場の調節方針は「無担保コールレート（翌日物）をできるだけ低めに推移するよう促す」というものでした。

その結果、インフレ期待が再び高まる兆しも見られました。日銀はゼロ金利を解除する政策変更を行いましたが、その後インフレ期待が完全に定着することはなく、長期金利の上昇は限定的でした。この事例は先のアメリカの例とは逆に、一定のインフレ期待があれば景気回復期待から長期金利は持続的に上昇するはずなのに、そうならなかったケースです。

以上の例から、「政策金利↓景気↓長期金利」の順で必ず波及効果があるわけではなく、そのときにインフレ期待がどの程度高まっているのかを勘案しなければ、金利動向、特に長期金利に関して先行きを読み誤る可能性がある点には注意が必要です。

金利上昇が企業業績や株式市場に与える影響

スタグフレーションとは、経済成長が停滞するなかでインフレが進行する状態を指します。1970年代のアメリカでは、オイルショックがアメリカ国内にコストプッシュ型のインフレを引き起こし、その結果、低成長経済に移行しました。

FRBはインフレ抑制のために政策金利を引き上げましたが、これは景気にはマイナス効果となる政策です。したがって、不景気と高失業率をもたらしただけでなく、当初の目的だったインフレ沈静化にも失敗しました。

金利上昇は企業の資金調達コストを増加させるため、投資を抑制する効果があります。企業の設備投資は、それに見合う生産活動を下支えするもので、通常は数年単位の長期間の効果が見込めます。金利上昇で設備投資が鈍化するということは、低成長が長期間にわたって続くリスクがあることを意味します。また、低成長が続けば労働市場の雇用環境が悪化し、失業率が高止まりすることもあります。

個人の消費者から見ると、金利上昇はローンの利払い負担の増加を意味するため、個人消費や住宅取得を抑制することになります。すそ野が広く経済波及効果の大きい新規住宅建設や中古住宅の売買が低調になると、景気低迷にいっそう拍車をかけます。

金利上昇が企業に与える影響

金利上昇
↓
企業の資金調達コスト増

← 設備投資などを減らす
← 低成長、株価下落、雇用環境の悪化

金利上昇は株価下落要因の一つ

金利上昇は金融・資本市場全体に大きな影響を与えます。具体的には、債券市場では価格下落により利回りが上昇します。株式市場では、企業の資金調達コストが増加し、利益率が低下する可能性があります。これが株価下落要因の一つになります。投資家は市場に対して様子見の姿勢をとろうとするため、経済活動全体が抑制されます。

企業の投資抑制や個人消費の減退が続くと、経済全体の需要が低迷し、デフレ圧力が強まるリスクもあります。デフレ環境下では企業収益が低下し、労働市場でも雇用環境が悪化するため、デフレの悪循環が始まります。このような状況下では経済成長の持続が困難になり、「成長なき経済」に陥るのです。

また中央銀行による政策金利の引き上げが遅れると、インフレ期待が高まるため経済成長が鈍化するリスクが増大します。中央銀行がインフレ抑制のため急激な利上げを行っても、その効果が表れるまでには時間がかかるため、経済の不安定化が進む可能性があるからです。

持続可能な成長への道筋を描くには、中央銀行の政策対応と政府の財政政策が重要な役割を果たします。金融と財政の二つの政策で持続的成長を可能とする、将来を見据えた政策を打ち出し、国内から視野を広げて海外要因によるリスクを的確にとらえ、適切な対応を行うことが重要です。

金利上昇が株式市場に与える影響

金利上昇
↓
債券価格が下落（利回りは上昇）
↓

企業の資金調達コストが増加（利益率が低下）

←

株価下落、経済活動停滞

第4章

金利上昇は実体経済にどんな影響を与えるか

金利上昇は設備投資と消費を通じて経済に波及する

市中金利が上昇すると、企業経営に大きな影響を与えます。企業活動のなかで、金利の影響を最も受けるのは銀行借り入れです。銀行借り入れをその使途で見ると、運転資金と設備資金があります。一般には運転資金より設備資金の方が大きいため、設備資金の借り入れが大きな企業ほど金利上昇の影響を受けることになります。

設備資金が大きな業種は通信、電力、鉄道、自動車、不動産などですが、これらの業種の企業にとって金利上昇によるマイナスの影響は大きく、株価にも悪材料です。また、新工場建設や新技術導入の延期や中止で新規の設備投資が鈍る可能性もあり、企業活動の足かせになります。

経済全体から見ても、総需要の大きな構成要素である投資の減少は、経済成長のブレーキとなります。ある業種の投資減少は他の関連産業やサプライチェーンにも波及し、広範な業種の企業の収益圧迫要因になるため、その意味でも全体の経済活動を押し下げます。

景気への悪影響も大きい

個人にとっても、金利が上がると住宅ローンや自動車ローンなどの借り入れコストが増加し、消費者の可処分所得が減少することになります。この結果、消費支出が減少します。また、住宅や自動車の購入を控えたり、クレジットカードの利用を控えたりします。こうした行動が続き、貯蓄を選好するようになるため、いっそう消費を減退させます。一般に、個人消費はGDPのなかで最大の割合を占めるため、景気へのマイナス影響は大きいものになります。

以上のような設備投資と消費の減少を通じて企業の成長が鈍化すると、雇用の創出も鈍化し、失業率が上昇する可能性があります。また中小企業は、設備投資のみならず運転資金も借り入れに頼るところが多く、従業員の給料の支払いや原材料の仕入れ代金といった日常業務が直接影響を受けることになります。この結果、経営が困難になるケースが増加します。

金利が上がると——

【企業】 借り入れの利子負担が増える↓設備投資を控える↓関連産業や他業種の経済活動も萎縮

【個人】 住宅ローンなどの利子負担が増える↓家計のほかの消費が減少↓消費低迷、経済活動が縮小

金利上昇時に企業が行う6つの対応策

金利上昇は、企業の財務状況や経営戦略に大きな影響を与えます。新規の設備投資や事業拡大をするコストが増加し、企業活動にとって大きな制約になります。また既存の借入金の金利負担も増加するため、キャッシュフローや金融収支の悪化が経営の足かせになることが考えられます。

企業は金利上昇に対抗するために、一般に以下のような施策を行います。

企業の金利上昇への対応策

①固定金利での借り入れ
②自己資本の増強
③コスト削減と効率化
④銀行借り入れ以外の資金調達手段の活用
⑤長期資金計画の策定
⑥金融デリバティブの活用

このうち、①~⑤は以前から行われてきた伝統的な方法です。⑥は比較的新しい方法ですが、現在では多くの企業が採用するようになっています。

①固定金利での借り入れ

新規の借り入れを固定金利にする、あるいは既存の変動金利の借入金を繰り上げ返済して固定金利に乗り換える方法。金利上昇が一時的でなく、今後も当面続くと考えるとき有効な方法です。完済日まで同じ利率が続くため、資金計画を立てやすくなります。

②自己資本の増強

金利負担のある借入金を減らすとともに自己資本を増強する方法。株式を発行して資金調達をしたり、利益剰余金を充実させたりすることで自己資本を増強します。自己資本比率の高い企業は、金利上昇によるコスト増大の影響を受けにくくなります。

③コスト削減と効率化

経営効率を高めることで、金利コストの上昇分を内部で吸収します。生産やその他作業の効率化を探り、無駄な労働時間やコストを排除する、ＩＴシステムの活用でコストカットを図る、運用されていない現金などの流動資産を運転資金や設備資金として活用するなど、資金効率の改善を図る方法です。

④銀行借り入れ以外の資金調達手段の活用

銀行借り入れほど金利が上昇しない、あるいはもともと金利水準がより低い資金調達方法を利用する方法です。具体的には、社債発行やリース、クラウドファンディングなどの資金調達方法があります。金利上昇リスクの分散と、資金調達コスト全体を削減できる可能性があります。

⑤長期資金計画の策定

金利上昇を市場が織り込む前に前倒しで借り入れを実行したり、運転資金や設備資金の調達が必要となる企業活動を前倒しで実行したり、延期したりする方法です。

⑥金融デリバティブの活用

1970年代後半から1980年代にかけて、オイルショックや変動為替相場制の導入などで経済環境が大きく変化するようになりました。それによって金融市場での相場変動リスクが高まり、企業のリスク管理が問われるようになります。こうした状況下で、次に紹介する金融デリバティブという手法を導入する企業が見られるようになり、1980年代に入ると金融デリバティブ市場は急速に拡大していきました。

さまざまな金融デリバティブの種類と利用法

金融デリバティブは金融派生商品とも呼ばれます。これは、「もととなるもの」から派生して生じた商品です。この「もととなるもの」を原資産といいます。通常は株式、債券、為替、借入金などの金融商品が原資産となりますが、日経平均株価や東証株価指数のような指数も原資産として使われます。原資産は金融デリバティブの価値の基礎となるものであり、以下のようなものが含まれます。

金融デリバティブの種類

株式：企業が発行する株式

債券：国債や社債などの債券
為替：異なる通貨間の為替レート
借入金：企業や個人の借入金利
指数：日経平均株価、東証株価指数（TOPIX）などの市場指数

金融デリバティブの種類には、以下のようなものがあります。

先物（Futures）

先物は、特定の資産を将来の特定の日に、あらかじめ決められた価格で売買する契約です。これにより、将来の価格変動リスクを回避することができます。清算日には原資産となる現物の受け渡しか、現物と先物の価格差で決済します。

オプション（Options）

オプションは、特定の日に特定の価格で資産を買う権利（コールオプション）または売る権利（プットオプション）を取引相手との間で持つ契約です。オプションの買い手は、その権利

を行使するかどうかを選ぶ権利を持つため、リスクを制限しながら利益を追求できます。逆に売り手は買い手からオプション料を受け取る代わりに、この権利の行使に応じる義務が生じます。

スワップ（Swaps）

スワップとは、異なるキャッシュフローを〝交換〟する契約です。たとえば金利上昇傾向があるときに、変動金利を支払う借入金に対して、別途同じ金額の変動金利を受け取り、固定金利を支払う交換取引を行います。この結果、もとの借入金の変動利払いが相殺されて固定金利支払いが残り、金利変動のリスクを管理することができます。

スワップション（Swaption）

金利スワップを原資産とするオプション取引です。一定の金利水準以上に金利が上昇すると金利スワップ取引がスタートする取引で、スワップとオプション双方の特性を持ちます。金利上昇傾向が見られる際に、変動金利を支払う借入金に対して設定する形です。

一定水準以上に金利が上昇した場合に金利スワップ取引をスタートさせて、固定金利の支払いに切り替えます。変動金利から固定金利への切り替えを柔軟に行うことで、金利変動リスクを管理することができます。

金融デリバティブは、以下のように主にリスク管理と利益追求のために利用されます。

リスク管理のための金融デリバティブ

- 企業が原材料の価格変動リスクを避けるために、先物契約を利用して将来の購入価格を固定する
- 金利の上昇傾向が見られる際に、金利スワップを用いて借入金の変動金利支払いを実質的に固定金利支払いに変更する
- 金利の上昇傾向が見られる際に、借入金の変動金利支払いについて、金利オプションを用いて一定の金利水準以上の利払いを負担しないですむようにする
- 金利の上昇傾向が見られる際に、借入金の変動金利支払いについて、

金利スワップションを用いて、一定の水準以上に金利が上昇した場合に固定金利支払いに変更する

利益追求のための金融デリバティブ

- 投資家が株価の上昇を予想してコールオプションを購入し、予想通り株価が上がった場合に利益を得る
- 株価指数の下落が予想される際に株価指数先物を売り、実際に指数が下落した際に価格が下落した先物を買い戻して利益を得る

この例でもわかるように、リスク管理にするか利益追求にするかは、デリバティブ取引の当事者がリスクをどうとらえているかによって変わってきます。言い換えれば、マイナスをゼロにするのか、ゼロをプラスにするのかはリスクの捉え方次第であり、どちらにも分類できる主観的なものです。

リスク評価が小さい資産や負債に過大なリスク量の金融デリバティブを設定するのは、

手数料を支払ってギャンブルに参加するのと同じです。リスク評価に見合う適切な量のデリバティブ・リスクをとり、そのために必要なコストを負担する考え方が、真のリスク管理だといえます。

インフレが高進する程度は金利水準によって決まる

金利とインフレの関係は、経済学における基本的なテーマの一つです。金利がインフレに与える影響は短期と長期で異なるため、理論的なアプローチと実際のデータもあわせて、総合的に考えることが重要です。

一般に、フィリップス曲線による説明が多く用いられます。フィリップス曲線は、失業率とインフレの間に存在する負の相関関係を示す経済学の概念で、１９５８年に経済学者アルバン・ウィリアム・フィリップスによって提唱されました。過去１００年間の賃金と失業率の関係を調べた結果、短期的には失業率が低下するとインフレ率が上昇し、逆に失

短期と長期のフィリップス曲線

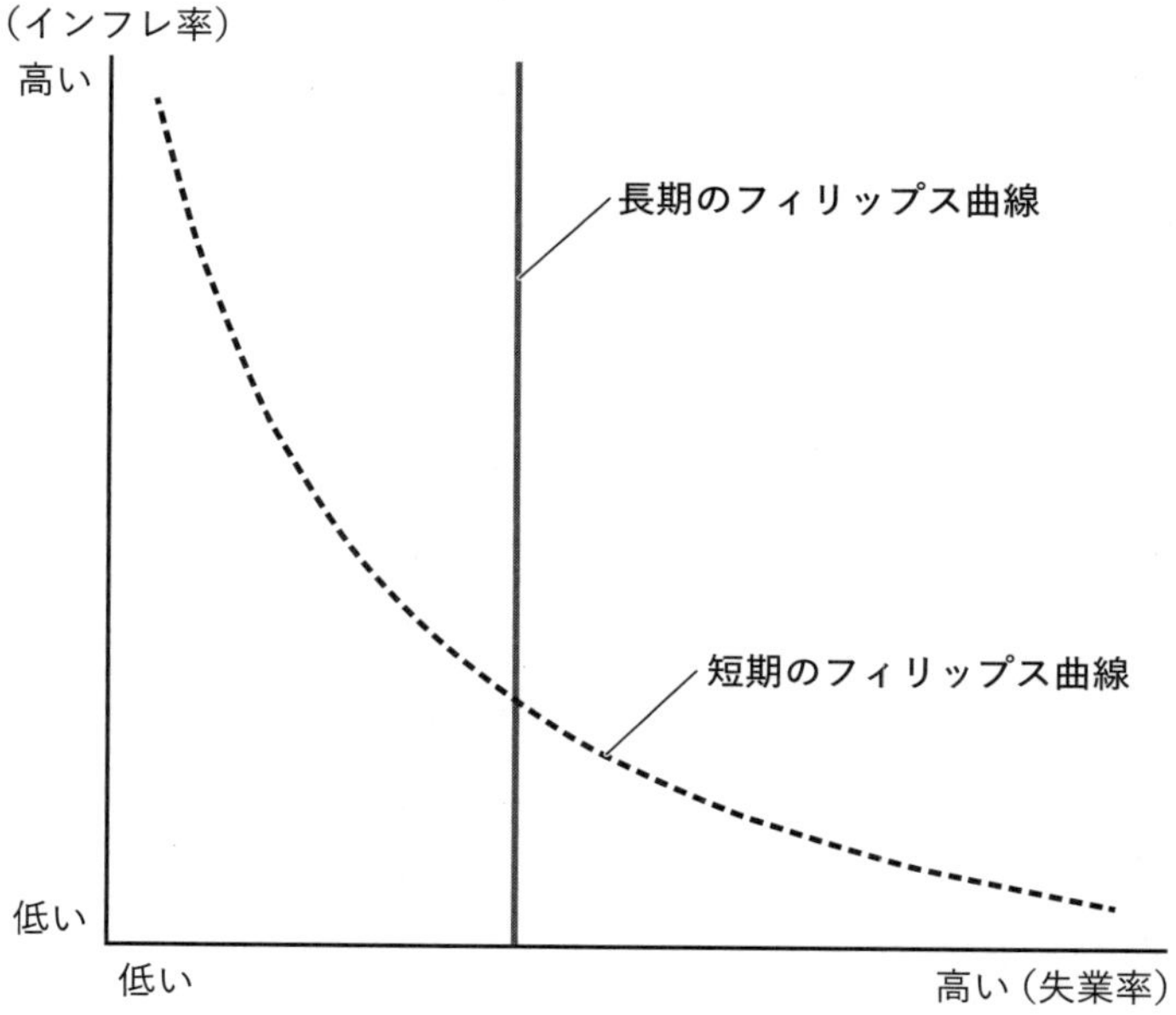

短期のフィリップス曲線

失業率とインフレ率の間の逆相関関係(負の関係)を示している

長期のフィリップス曲線

横軸の「自然失業率」付近で垂直線となる。自然失業率とは、景気循環に関係なく構造的に存在する失業者の比率で、この水準は労働市場の構造的な要因(スキルのミスマッチや転職者の存在、労働参加率など)で決まる。長期的にはインフレ率とのトレードオフの関係は存在しなくなり、失業率は自然失業率に収束する業率が上昇するとインフレ率が低下することを示しています。

短期的には、政策金利の変更がインフレ率と失業率の関係に大きな影響を与えます。政策金利が上昇すると借り入れコストが増加し、消費と投資が減少します。これにより、経済全体の需要が減少しインフレ率が低下します。同時に企業の生産活動が低下し、失業率が上昇することが考えられます。逆に政策金利が低下すると借り入れコストが減少し、消費と投資が増加します。これにより経済全体の需要が増加し、インフレ率が上昇します。同時に、企業の生産活動が増加し失業率が低下することがあります。

金利とインフレの関係

金利上昇↓借り入れコストが増加↓消費と投資の減少↓インフレ率低下
（失業率上昇）
金利低下↓借り入れコストが減少↓消費と投資の増加↓インフレ率上昇
（失業率低下）

長期的には労働市場が均衡している状態、つまり失業率が自然失業率を示す水準に収束していきます。自然失業率とは、経済が完全雇用に近い状態にあるにもかかわらず存在する失業率のことです。この状態では、賃金水準やインフレ率がどう変化しても失業率は動かないため、フィリップス曲線は垂直になります。

短期的には企業や労働者はインフレを予測できないため、期待インフレにより失業率が変化しますが、長期的には企業や労働者が予測するインフレ率と実際のインフレ率が一致し、賃金や価格を調整する時間があります。したがって、失業率は自然失業率の水準以下には低下しません。インフレ期待が失業率に影響を与えなくなるということです。

労働市場が均衡している場合、賃金が上がっても下がっても、インフレ率が高くても低くても、失業率は自然失業率のままということになり、長期的にインフレ率は中央銀行の政策金利によって決まるといえます。

政策金利が将来のインフレ率に影響する

以上のように、中央銀行の金融政策は長期的なインフレ率のコントロールにおいて重要な役割を果たしますが、その中央銀行はどのような役割や機能を持っているのでしょうか。
まず中央銀行は、経済の安定と持続的な成長を達成するために、インフレ率と失業率のバランスをとる重要な役割を担っています。各国の中央銀行のなかでは、アメリカの中央銀行の機能を持つ連邦準備制度理事会（ＦＲＢ）は、その政策目標として、物価と雇用という明文化された目標を持っています。その他の主要国では、物価のみを政策目標とする中央銀行が多いです。

明文化されていなくても、政策決定を考えるうえで労働市場のデータは欠かすことができません。また、すでに見たように、名目金利の動向は期待インフレ率の影響を受けるので、人々のインフレ期待を管理することも中央銀行の重要な仕事になります。

中央銀行がこの役割を遂行するための最も伝統的な金融政策は、政策金利の調整を通じて総需要を管理することです。その他の金融政策には公開市場操作、準備預金率など複数の手段があります。

これらの手段によって中央銀行は短期的に直接経済活動に影響を与え、長期的に失業率が自然失業率に収束すれば、インフレ率をコントロールすることができます。

新興国の通貨危機を招いたアメリカの利上げ

これまで、政策金利を引き上げたときの経済への影響について述べましたが、一国の政策金利引き上げが、国境を越えて他の国の経済に影響を与える例もあります。アメリカの連邦準備制度理事会（ＦＲＢ）による金利の変動が、そのなかで最大のものです。発券銀行としての機能を持つ米連邦準備制度（ＦＲＳ）、そしてその司令塔である理事会（ＦＲＢ）の動向は、世界経済に大きな影響を持つため、常に世界中から注目されています。

その事例として１９９４年のメキシコ危機が挙げられます。この危機には、アメリカのＦＲＢの利上げ決定が大きく影響しています。当時のメキシコは、北米自由貿易協定により経済が拡大するなか、インフレ抑制のためにペソの固定レート制を採用していました。それによって貿易取引量の急増、直接投資の増加、経常収支と財政収支の赤字拡大が資本逃避を招きます。さらに、政情不安も資本逃避を加速させました。

１９９４年11月のＦＲＢによる利上げが通貨危機の決定打となり、メキシコは外貨準備

FRBの構成図（組織図）

米国の中央銀行

連邦準備制度
The Federal Reserve System

重要な3つの機関

連邦準備制度理事会
Federal Reserve Board of Governors

12の連邦準備銀行
12 Federal Reserve Banks

連邦公開市場委員会
Federal Open Market Committee (FOMC)

主要な5つの機能

国家の金融政策の実施
Conducting the nation’s monetary policy

金融システムの安定維持の支援
Helping maintain the stability of the financial system

金融機関の監督と規制
Supervising and regulating financial institutions

支払および決済システムの安全性と効率性の促進
Fostering payment and settlement system safety and efficiency

消費者保護および地域社会の発展の促進
Promoting consumer protection and community development

の減少とペソの対ドル相場の下落に直面することになり、12月に変動相場制へ移行しました。ＦＲＢの利上げが引き金となったこの危機は、新興国が米ドル経済圏に依存し、独自の金融政策や為替政策がとれないことが一因でした。固定相場制では外貨準備の急減や通貨の下落が起こりやすく、財政収支の赤字拡大につながります。

この事例を見ればわかるように、アメリカの金利政策の影響はまさに国境を越えて新興国に影響を及ぼします。ＦＲＢの利上げが１９９４年のメキシコ危機の引き金を引いたのは、新興国が米ドルの影響を非常に受けやすい状況にあったからです。

メキシコ危機が示したのは、アメリカの金融政策が国内にとどまらず国際的な影響を及ぼすという現実です。アメリカが金利を引き上げると、投資家はより高いリターンを求めて資金をアメリカに移動させます。この結果、新興国から資本が流出し、通貨の価値が下落します。固定相場制を維持するには、メキシコのように外貨準備を使って通貨防衛を行う必要がありますが、外貨準備が枯渇すれば変動相場制へ移行せざるを得なくなります。

アメリカの利上げの影響を軽減する戦略

アメリカの金利上昇は新興国の借り入れコストを直接押し上げます。多くの場合、新興国政府や企業は米ドル建ての借り入れを行っているため、アメリカの金利が上がると借り入れコストが増加し、財政負担が重くなります。これが新興国経済にさらなる圧力をかけ、財政収支の赤字が拡大する原因となります。

さらに、アメリカの金利政策が新興国のインフレ率にも影響を与える点も見逃せません。アメリカが金利を引き上げると新興国の通貨価値が下落し、輸入物価が上昇します。これにより、国内のインフレが加速し、中央銀行はインフレ抑制のために金利を引き上げる必要に迫られます。この金利上昇は国内経済の冷え込みを招き、成長率の低下を引き起こします。

このように、新興国はアメリカの金利政策が及ぼす影響に対して非常に脆弱です。アメリカが金利を引き上げるだけで、新興国の経済に連鎖的な波及効果があるのです。

新興国がこれに対処するには、以下のような戦略が求められます。

米利上げの影響を軽減するには

1.外貨準備の増強
2.経済の多角化
3.主体的な金融政策の実施
4.国際機関や他国との連携・支援体制の構築

1.外貨準備の増強

充分な外貨準備があれば、急激な資本流出に対する防御策になりえます。逆に外貨準備が脆弱であれば、自国通貨の市場での売却が増えたときに相場下落を防ぐことができなくなります。また自国通貨の下落は、輸入インフレの拡大やドル建て債務の返済負担の増加につながります。

2. 経済の多角化

特定の産業や貿易相手に依存しない経済構造を構築し、外的ショックに対する耐性を高めていれば、いざ金利が上昇しても影響を受けにくくすることができます。

3. 主体的な金融政策の実施

中央銀行の主体性を高め、国内政治や外国勢力による干渉を排除する。その結果、適切なタイミングで適度な調整を実施することができる体制を整える。

4. 国際機関や他国との連携・支援体制の構築

国際通貨基金（ＩＭＦ）や世界銀行などから支援を受けやすい体制をつくったり、外国の銀行とスワップ協定を締結したりするなどして、いつでも国外から支援が受けられるようにする。

パンデミックを受けた欧米の大規模な金融緩和

新型コロナウイルス感染症の世界的な大流行は、在宅勤務や人の流れの厳しい制限などにより、社会全体に急激な変化をもたらしました。経済活動が制限されたことで景気後退が深刻化し、各国政府は大規模な財政刺激策、中央銀行は極端な金融緩和策を実施して経済を支えました。

ここでは、パンデミック後の経済環境がどのように形成されてきたのか、利上げが経済にどのような影響を与えたのかについて考察します。

パンデミックの影響により、欧米の金融政策は大きな転換点を迎えました。多くの国で経済活動が停止し、深刻な景気後退が発生。このような状況に対応するため、米連邦準備制度理事会（FRB）や欧州中央銀行（ECB）は迅速かつ大規模な金融緩和策を導入しました。

パンデミック初期の金融市場を取り巻く経済環境は不安定で、相場の変動性が高く、市場参加者も見極めが難しい状況が続きました。株価の急落、企業の倒産リスクの増大、失業率の急上昇など、経済全体にパンデミックの深刻な影響が及んだ時期でした。

企業の資金繰りを積極的に支援

ＦＲＢとＥＣＢはこれに対応するため、積極的な金融緩和策を講じました。政策金利の大幅な引き下げ、資産買い入れプログラムの拡大、長期国債や住宅ローン担保証券（ＭＢＳ）の購入を通じて市場に大量の流動性を供給する、といった政策でした。

ＦＲＢは政策金利をほぼゼロに引き下げるという前例のない措置を実施しました。さらに量的緩和（ＱＥ）プログラムを通じて、長期国債やＭＢＳを大量に購入し、市場に資金を供給します。社会的にロックダウンや在宅勤務などで行き詰まった企業や家計の資金繰りを支援する、緊急措置の性格が強い政策でした。さらに、ＦＲＢは企業向けの貸し出しプログラムを新設し、資金繰り問題を抱えた企業への支援を強化しました。

ＥＣＢも同様に政策金利を引き下げ、資産買い入れプログラムを拡大しました。パンデミック対応のプログラムとして、新たに「パンデミック緊急購入プログラム」（ＰＥＰＰ）

を導入し、ユーロ圏の政府債務や企業債務を対象に大規模な買い入れを実施しました。これには、ユーロ圏内の各国政府や企業の資金繰り支援を通じて、ユーロ圏全体の金融市場の安定化を図るという目的がありました。

常に正常化を意識していたFRBとECB

こうした金融緩和策の効果もあり、経済活動は徐々に復活、復旧を遂げるようになりました。その反面、インフレ圧力も高まります。サプライチェーンの混乱や各財やサービスの需要急増といった需給両面の要因で、多くの製品やサービスの価格が上昇しました。このインフレ圧力に対処するため、FRBとECBは金融政策の方向転換を迫られたのです。

FRBは2022年に入って段階的な金利引き上げを開始。米消費者物価指数（CPI）の前年比は、パンデミック発生の1年後、2021年3月ごろの1%台後半を起点に急速に上昇を始め、2022年7月に9%のピークをつけました。インフレ率の目標水準は2%ですが、この水準を大幅に上回る物価上昇率です。

このため、FRBは2022年3月に0・25%ポイントのFFレート引き上げを決めました。それでも「0・25～0・5％」というターゲットレンジでした。政策金利の引き上げとともに、量的緩和策の縮小（テーパリング）も実施されます。

ＥＣＢも対応を迫られました。前年比のユーロ圏ＣＰＩは２０２１年2月にマイナス圏を脱してプラス0・9％になり、２０２２年11月に10％まで上昇しました。ＥＣＢは、２０２２年7月に政策金利を0・5％ポイント引き上げ、それまでの実質ゼロ金利政策に終止符を打ちました。政策金利の引き上げと並行して、ＰＥＰＰの買い入れペースを段階的に減少させることが計画されました。

利上げは各方面の経済活動を抑制する

パンデミック後の経済復興過程において、ＦＲＢやＥＣＢなど欧米の中央銀行による利上げは、多岐にわたる影響を及ぼしました。利上げが経済に与える影響について、短期・中期・長期の視点から、さらに、資本市場や不動産市場といった観点から考察してみます。

短期的には、金融政策が利上げに転換すると、消費者と企業の借り入れコストの増加により消費と投資が減少します。消費者は住宅ローン・自動車ローン・クレジットカードの金利が上昇すると負担が増えるため、直接大きな消費に結びつく借り入れを控えます。

企業も設備資金や運転資金の借入金のコストが増えるため、新たな事業を見合わせたり延期したりするため投資活動が抑制されます。投資と消費という、総需要を構成する二つの大きな要因が低迷することで、景気全体の低迷につながります。

短期でこうした状況が続くと、中期的に経済成長率を押し下げる方向に働きますが、さらに労働市場に波及すると失業率を高止まりさせる要因になります。金利の上昇は、大企業においては設備資金を中心に調達コストが増大し、中小企業においては運転資金と設備資金の調達コストが増大し、企業経営を圧迫することになります。このため、企業の成長が鈍化し、雇用機会の減少につながる可能性があります。失業率の上昇は消費者の購買力を削ぎ、それが個人消費の後退につながり、いっそう経済成長を抑制することになるという悪循環が生じます。

長期的に見ると、中央銀行による利上げ政策はインフレ抑制という本来の目的の達成に近づいていきます。利上げによって、経済全体の需要である総需要が抑制され価格上昇圧力が緩和されるため、インフレ圧力は低下する傾向にあります。

またすでに述べたように、長期的にはフィリップス曲線が垂直に立つため、インフレを抑制する利上げの効果が最大限に大きくなります。

利上げで株式から債券へ資金が流れる

利上げは株式市場や債券市場にも影響を及ぼします。利上げにより市場金利が上昇すると、企業経営を圧迫される企業の株式から利回り上昇で投資の魅力が増す債券へ資金が流出し、株価は下落する傾向にあります。

不動産市場は、利上げの直接的な影響を受けます。新築住宅や中古住宅市場は、他の消費財やサービスに比べて、資金の借り入れと一体で考える消費者が大多数といえるからです。したがって、利上げの際は住宅ローン金利の上昇により、住宅購入を控える消費者が増え、不動産価格の上昇が抑制されます。利上げ初期の総需要押し上げ効果による価格上昇は、不動産バブルに発展する前に抑えられる可能性が高くなります。

バブル崩壊と長期デフレのきっかけとなった日銀の利上げ

これまで欧米の利上げとその影響について見てきましたが、日本の利上げとその影響は、欧米とは異なる面もあります。1980年代後半の日本のバブル経済と、それに続く日銀の利上げに焦点を当てて見ていきます。

1980年代後半、日本経済は急速な成長を遂げ、バブル経済が形成されました。1989年末には日経平均株価は3万8915円という史上最高値を記録し、不動産価格も急騰、東京の地価は1985年から1990年にかけておよそ3倍に上昇しました。この急速な景気拡大の背景には、日銀による金融緩和策が大きく影響していました。日銀は低金利政策を維持し、企業や個人が容易に資金を調達できる環境をつくり出しました。

バブル経済を形成した主要な要因として、以下の3つが考えられます。

バブル経済が発生した要因

1. 金融緩和政策
2. 急速な円高
3. 企業や個人の投機的行動

1. 金融緩和政策

日銀は、1980年代を通じて低金利政策を維持しました。このため、企業は設備投資や不動産投資を積極的に行い、不動産価格と株価の上昇が加速しました。具体的には、1986年から1989年の期間、銀行貸出額は毎年10％以上増加しました。

2. 急速な円高

1985年のプラザ合意後、円高が進行して1985年初頭に1ドル240円だった為替レートが、1987年末には1ドル120円にまで急上昇しました。この結果、日本企業の輸出競争力が低下し、国内市場に目を向けた投資が活発化しました。円高を背景にした資金流入が不動産や株式市場に集中し、バブル経済の形成を助長しました。

3．企業や個人の投機的行動

金融緩和政策と円高の影響で、企業や個人による値上がり益を期待した不動産投資や株式投資が活発化し、投機的な資金が大量に流入するようになりました。1988年には銀行の不動産向け貸出額が前年比20％増加するなど、投機が投機を呼ぶ状況になりました。

1980年代後半、日本経済は類を見ないバブル経済の絶頂を迎えました。1989年12月29日、日経平均株価は3万8915円87銭という史上最高値を記録。株式や不動産市場に流れ込んだ資金が資産バブルの根源となりました。

すでに述べたように、このバブルの背景の一つには日銀による金融緩和政策がありました。しかし、日銀はこのバブルのピークで金融緩和策から引き締め策へ政策転換します。1989年5月から1990年8月にかけて、政策金利を2・5％から6・0％まで段階的に引き上げたのです。

日銀が金融引き締めに転じたのは、バブル経済が過熱してインフレリスクが高まったためです。急速な株価と地価の上昇は実体経済の成長を上回るものであり、持続可能なものではありませんでした。このため採用されたのが政策金利の引き上げであり、土地取引に関する融資の規制強化も実施され、不動産市場への過剰な投資を抑えようとしました。

主要銀行の不良債権額は約76兆円

利上げの直後、株価と不動産価格は急落しました。１９９０年初めには日経平均株価が下落を始め、１９９２年までに約50％以上の下落を記録しました。不動産融資の規制強化で不動産市場も急速に下落し、多くの企業が不良債権を抱えることになりました。また、担保割れした物件を抱えた金融機関も経営が悪化しました。銀行は貸出金の回収が困難になり、不良債権が急増。１９９０年代中ごろには、日本の主要銀行の不良債権額は約76兆円に達し、金融機関の経営基盤が大きく揺らぎました。

このように、株価や不動産価格の下落という資産バブルの崩壊を通じて、不良債権の急増、銀行の経営悪化から、日本はデフレ経済に移行したのです。物価は持続的に下落し、デフレが定着しました。１９９０年代を通じて、消費者物価指数はほぼ毎年、前年比マイナスとなり、消費者は将来の物価下落を期待して支出を控えるようになり、それが需要後退につながりました。

デフレに苦しめられ続けた日本経済

デフレ経済下では企業の売上が減少し、収益が悪化します。1990年代後半には企業の投資額が大幅に減少し、設備投資の対GDP比は1980年代の約20％から1990年代後半には約15％に低下しました。

企業収益の悪化は雇用市場にも及びました。1998年には失業率が4・1％に上昇し、戦後最悪の水準になりました。また賃金水準も長期間にわたって横ばいが続き、1990年代を通じて実質賃金の伸びはほとんど見られませんでした。

デフレ経済が長期化した理由には、日銀と政府の対応が遅れたことも挙げられます。1990年代後半には金融緩和政策が進められましたが、スタートの遅れは否めませんでした。財政政策も1990年代の初頭に日銀が引き締めに転じた後、公共事業の拡大など財政拡張政策を行ったり、逆にデフレが深刻化した1990年代後半、ゼロ金利政策や量的緩和策が導入されたタイミングで消費税率を引き上げたりするなど、財政と金融の経済政策が軌を一にしていない動きが目立ち、経済の持続的成長軌道への復帰は遠くなるばかりでした。

金融機関が抱える不良政権問題は１９９０年代を通じて続き、経済の回復を阻みます。それ自体が金融機関の貸し出し姿勢を厳しくする理由になるため、悪循環から抜け出せないなか、デフレ経済が長期間続くことになりました。

17年ぶりの利上げで正常化へ踏み出した日銀

２０２４年現在、日本経済は長年続いた超低金利政策からの脱却を図る段階に入っています。背景には、インフレ高進を予防し経済の持続的成長を図る目的があるといえます。

先に述べたような１９９０年代初頭のバブル崩壊が起こり、その後の日本は長期にわたって低金利政策を続けてきました。デフレを克服し、日本経済を成長軌道に乗せるために採用された政策でした。2000年代初めにゼロ金利政策が導入され、2016年にはマイナス金利政策も実施されました。

政策金利が超低金利に保たれた結果、短期金利だけでなく長期金利も低水準で推移しました。2010年から2020年の10年間を見ても、10年物国債の利回りは0・5%を下回ることが多く、2016年以降はほぼゼロ近くで推移していました。このような低金利環境では、企業や個人は容易に資金調達できるため、投資や消費を下支えする効果がありました。

2020年に新型コロナウイルス感染症のパンデミックが発生した後、世界的に見るとインフレ圧力が高まっています。

日本でも消費者物価指数（CPI）が上昇傾向にあり、2024年前半も前年比2%台半ばという上昇率で推移し、日銀の物価目標である2%をやや上回る状況が続いています。

利上げについての今後の見通し

こうしたなか、日銀は2024年3月19日にマイナス金利政策の解除を決定し、当座預金の金利を0・1％に設定しました。その後、7月には無担保コール翌日物の金利をさらに0・25％へと引き上げ、本格的な利上げの開始を示す動きとなりました。この利上げは、長期にわたって続いていた低金利政策の大きな転換点であり、日銀がインフレ抑制や金融の安定性を意識した結果だといえます。

また、これに伴い、日銀は長短金利操作付き量的・質的金融緩和（QQE）を終了し、イールドカーブコントロール（YCC）も終了する形になりました。加えて、長期国債の買い入れ額も四半期ごとに段階的に減額していく方針を発表し、2026年初めには買い入れ額を月2・9兆円にまで抑える計画が進んでいます。この動きは金融政策の正常化に向けた明確なステップであり、今後も追加の利上げを示唆する材料とされています。

現在の市場では次の利上げのタイミングを巡る思惑が相場材料として活発に議論されており、日銀の政策変更は企業や家計の借り入れコスト増大、円相場の安定など幅広い影響を及ぼしています。特に、政策金利引き上げによって企業や個人の借り入れコストが増加し、債務者や金融機関、国家財政にまで多大な影響が波及することが予想されます。

さらに、日銀は今後も金利上昇局面で柔軟な対応を取るとし、状況に応じて長期国債の買い入れ額を増やす方針も示しています。これは、金融市場が急変した場合に政策の安定性を保つための対応策と考えられますが、過去のＹＣＣ政策と同様、市場との攻防が再燃する可能性もあります。

このようななかで、今回の日銀の政策変更に伴う柔軟性の強調には、別の側面からのリスクも考えられます。特に過去のＹＣＣ政策の実行時に見られたように、市場参加者が日銀の政策の限界を試す可能性です。ＹＣＣの下で日銀が長期金利を一定水準に抑えようとした際には投機的な動きが活発化し、金利上昇圧力と日銀の「攻防」が発生しました。同じように、日銀が金利上昇時に長期国債の買い入れ額を増やして対応するとしても、市場がその柔軟性の限界を試そうとする可能性があります。こうした状況は、政策の実効性が試される段階に入ったことを意味し、日銀にとって新たな課題となりえるでしょう。

利上げが進んでいくと企業や個人消費に悪影響を及ぼす懸念もあるため、経済状況を慎重に見極めつつ政策を進める必要があります。物価の抑制を図る一方で、あまりに長期的な計画を打ち出さない方が投機筋の攻撃材料にならず、市場の安定に寄与すると考えることもできます。今後の日銀の対応を注視するうえで重要な見方です。

こうした状況を踏まえると、日銀は今後も経済情勢や物価動向を慎重に見極めながら、さらなる利上げを継続する可能性があると考えられます。

日本の利上げが債務者、金融機関、国家財政に与える衝撃

日銀による利上げの影響を債務者、金融機関、政府に分けて見ることにします。債務者には個人と企業がありますが、個人は第6章で扱うため、この章では企業に焦点を当てます。金融機関も日銀の直接の取引相手であり大きな影響を受けます。政府も財政支出に直接関連する国債発行に関して重要な取引があるので、注目する必要があります。

日銀が利上げを行うと、企業の借り入れコストが直接増加します。そのため、設備投資や事業拡大を抑制し、倒産リスクを増加させる可能性があります。特に中小企業への影響は大きく、経営の安定性や将来の成長に重大なリスクをもたらすことが予想されます。

一方、金融機関に対しては不良債権の増加リスクを高めることが予想されます。金利上昇により企業や個人の借り入れコストが増加し、債務者の債務返済の負担が重くなるからです。この結果、財務状況が脆弱な借り手が債務不履行に陥るリスクが高まります。

そうして不良債権が増加すると、銀行はそれに見合う貸倒引当金を積み増す必要があ

り、その分は費用計上されるので最終的な利益が圧迫されます。

また、金利が上昇すると銀行はリスク管理を強化し、貸し出し基準を厳格化する傾向があります。それによって最も影響を受けやすいのが中小企業です。2000年代初めのITバブル崩壊後にも銀行はリスク管理を強化し、中小企業向け融資が大幅に減少しました。

反面、金利上昇は銀行に一時的な利ザヤ拡大をもたらし、収益性を向上させる可能性もあります。ただし、これはあくまで一時的な現象であり、長期的には不良債権の増加や貸し出し減少によるマイナス効果の方が大きくなります。

利上げが国家財政にもたらすリスク

日銀の利上げは、国家財政にも深刻な影響を与えることが予想されます。利上げは市中金利を押し上げるため、既存国債・新発国債の利回りが上昇します。日本政府は多額の国債を発行しており、金利上昇は国債の利払い負担を増加させます。財務省によると、2023年末時点での日本の国債発行残高は約1000兆円に及び、平均利回りが1％上昇すると利払い費用は年間約10％増加することになります。

国債利払い費用の増加は、財政赤字拡大を招く可能性があります。日本はすでに巨額の財政赤字を抱えていますが、さらに利払い費用が増加すれば国債の格付けにも影響を及ぼし、国債利回りや為替相場にも影響が拡大する可能性も排除できなくなります。利払い費用は国家予算の約15％相当で、増税や歳出削減といった厳しい選択肢を迫られることにもなりかねません。どちらも景気にはマイナスの効果を及ぼします。

利上げがもたらす影響は、国際経済や国際金融市場にも影響を与えることが考えられます。日本の利上げは、これまでも円高要因となることが多くありました。円高は日本の輸出産業の収益にはマイナスの影響があります。また最近の国債市場は他国の市場と連動を強める傾向にあるため、日本の国債利回りの上昇は、他国の金融政策に影響を及ぼすこともあります。また、利上げによる日本国債の利回り上昇は国債価格の下落を意味するため、過去には評価益の減少や評価損を避けたい投資家が資金を他国に移す傾向が見られました。このような資金移動は、国際金融市場の不安定化を招くリスクがあります。

第5章

金利上昇と為替相場の密接な関係

為替相場の基本メカニズム

金利上昇と為替相場の関係は、金融市場において極めて重要なテーマです。金利の変動は通貨の価値に直接影響を及ぼし、企業の収益やコストに大きな影響を与えます。特にグローバルに事業を展開する企業にとって、為替相場の変動リスクを管理することは日常的な課題であり、経営戦略を立てるうえでも非常に重要な関心事項です。

為替相場とは、異なる通貨間での資金交換レートを指します。このレートは銀行間取引（インターバンク市場・27ページ）で決定され、リアルタイムで変動します。インターバンク市場は中央銀行、商業銀行、金融機関が参加する市場であり、大口取引が主体です。銀行は市場に参加する際、売値（アスクレート）と買値（ビッドレート）を提示し、これらの差を売買スプレッドと呼びます。

たとえば、ドル円取引において、ある銀行が「1ドル150円50銭」で売り、「1ドル150円20銭」で買うと提示するとします。他の銀行が「1ドル150円20銭」で売り、

「1ドル150円00銭」で買うと提示している場合、150円20銭で取引が成立します。この約定レートが、メディアでニュースとして報道される為替レートとなります。

アナウンサーが「150円20銭から50銭の取引」といったとすれば、これは「1ドル150円20銭で買い、1ドル150円50銭で売る」という意味です。20銭から50銭のレンジ内で取引されているわけではありません。アナウンサーはリアルタイムで市場の情報を伝えているため、このような表現になります。

インターバンク市場のレートと対顧客のレートは別物

インターバンク市場で決まったレートが、そのまま一般の個人や企業の取引レートとして使用されるわけではありません。為替市場にはインターバンク市場のほかに対顧客市場が存在し、ここでは銀行が顧客向けに設定するレート（対顧客相場）が適用されます。

一般の個人や企業が市場に常駐して取引することはできず、取引ロットも通常は小規模です。そのため、銀行は午前10時ごろのレートを設定し、大きな変動がない限り、そのレートを1日中使用します。

アメリカからの輸出代金を受け取るまでの流れ

- **市場レートの確認**：ニュースで報じられるインターバンクレートが１ドル＝150円。

↓

- **銀行のレート設定**：銀行が適用するレートはスプレッドを考慮し、１ドル＝149円（買値）と151円（売値）を設定。

↓

- **取引の実行**：輸出企業が銀行にドルを売り、円を受け取る際のレートは149円。

↓

- **受け取る金額の計算**：1000ドル×149円／ドル＝149,000円。

対顧客相場は、インターバンク市場の基準レートに一定のスプレッドを加減して設定されます。たとえば、基準レートが1ドル＝150円00銭であれば、銀行の対顧客相場は1ドル＝151円00銭（売値）と1ドル＝149円00銭（買値）となります。これにより、銀行は取引手数料を確保しつつ、顧客に対して公平かつ安定したレートを提供します。この基準レートは「仲値」と呼ばれます。

たとえば、日本の輸出企業がアメリカから輸出代金として1000ドルを受け取る場合、上のような過程を経て実際の適用レートが決定されます。

インターバンクレートが1ドル＝150円ですから、単純に計算すると1000ドルは150000円です。このように、輸出企業が実際に受け取る円の金額は報じられている為替レートより少なくなることがあります。

為替レートは市場の需給バランス、金利差、経済指標、政治的イベントなどの影響を受けて変動します。たとえばアメリカの金利が上昇すると、ドルの需要が高まり、ドル高円安が進行することがあります。

インターバンク市場と対顧客市場の違い

1980年代や1990年代、インターバンク市場といえば外国為替ブローカーの音声による取引でした。リアルタイムの相場水準をブローカーが伝え、ときには銀行の為替ディーラーが「今、いくら?」と聞くこともあり、人と人との会話で成り立っていました。その合間に情報交換を行ったりすることもあり、人の声の大きさや調子を聞くだけで、相場が大きく動いているな、とわかる雰囲気が感じられるものでした。

しかし1990年代半ば以降、電子ブローキングシステムが普及して、インターバンク市場の取引の様子もかつてとは大きく変貌しました。また、対顧客市場も電子トレーディングシステムが普及してきたため、インターバンク市場の相場変動がほとんど時間差なく顧客向けに表示、取引されるようになりました。

このインターバンク市場での取引は、取引成立後、2営業日以内に決済されるスポット取引と、それ以降に決済されるフォワード取引があります。また、通貨の交換となる通貨スワップ取引も別途相場が決められます。インターバンク市場では大口取引が行われ、レートはリアルタイムで変動します。一方、対顧客市場では銀行が顧客に対して一定のスプレッドを加味したレートを提示します。このスプレッドは、銀行のコストをカバーするために必要です。

実際のインターバンク市場では、次のような取引が行われます。

インターバンク市場で行われる取引

【取引の種類】

スポット取引、フォワード取引、スワップ取引などがあり、取引の種類によって適用されるレートが異なります。

【取引のタイミング】

為替レートは常に変動しているため、取引のタイミングが重要です。取引時点での最新の市場レートに基づいて、銀行が適用するレートが決定されます。

【取引規模と交渉】

大口取引の場合、顧客は銀行と交渉してスプレッドを狭めることができます。たとえば、数百万ドル規模の取引では、通常のスプレッドより有利なレートが適用されることがあります。

【市場状況の影響】

市場の流動性やボラティリティも為替レートに影響を与えます。流動性が高い市場ではスプレッドが狭くなりやすく、逆に流動性が低い市場ではスプレッドが広くなりやすくなります。

以上のように、為替相場の決定過程と適用レートは、取引の種類や市場の状況に応じて複雑に変動します。企業や個人が為替取引を行う際には、これらの仕組みを理解することが重要です。

金利が上がると為替相場はどうなるか

大学の経済学の授業などでは、金利と為替相場の関係は短期的には要人発言や政策決定、国際会議、経済指標の発表などのイベントが影響し、中期的には異通貨間の金利差、長期的には購買力平価が影響すると教えます。もちろん、実際の為替相場の変動について明確に要因を説明できるわけではありませんが、基本的な仕組みは知っておきたいところです。

為替相場が金利差で決まるという考え方は「金利平価説」と呼ばれており、2国間の金利差が為替相場に反映されるとします。

たとえば、アメリカの金利が日本の金利より高ければ、資金は相対的に低い日本から高いアメリカへ流入しやすくなります。そのため米ドルの方が日本円より購入されやすく、逆に日本円の方が米ドルより売却されやすくなるため、全体として円安・ドル高が進行するという説です。

金利平価説

アメリカの金利∨日本の金利
←
資金が日本からアメリカへ流入
←
米ドルの購入が増える
日本円が売却されやすくなる
←
円安・ドル高

この金利差の影響は、直物《じきもの》為替相場だけではなく先渡《さきわたし》為替相場（フォワードレート）にも大きな影響を及ぼします。先渡為替相場とは、将来の特定の日付に通貨を交換するために、あらかじめ決められた為替レートのことを指します。先渡為替相場は決済時までの金利差が反映されるため、金利平価説の考え方が重要になります。

たとえば、アメリカの金利が日本の金利より高い場合、フォワードレートはスポットレートに日米の金利差を加味して決定されます。理論的には、円をドルに替えてアメリカ市場の高い金利で運用し、運用が終了して再び円に転換して得られる利息差がフォワードレートに反映されます。

ちなみに、先渡取引（Forward contract）とは別に先物取引（Futures contract）もありますが、この二つは異なるものです。先渡取引は相対取引であり、金額や取引レートなどを個別に決められますが、先物取引は通貨先物として取引所に上場している金融派生商品です。

金利上昇は経済を冷やす

一方、為替相場が購買力平価で決まるというのは「購買力平価説」で、2国間の物価水

購買力平価説とは

日本		アメリカ
300円＝	商品A	＝2ドル

300÷2＝1ドル150円

↓

日本		アメリカ
400円＝	商品A	＝2ドル

400÷2＝1ドル200円

準が為替レートに影響を与えるとする説です。これは一物一価の原則、すなわち同じ価値のモノは同じ値段になる、という考え方からきています。

もし仮に第三国から見て、同じ材料、同じ製造方法、同じ量で同じ品質の商品があって、日本で300円、アメリカでは2ドルで売られていたとすると、1ドル150円と見なされる可能性が高いでしょう。日本でインフレが進み、この商品が400円、アメリカで2ドルのままだったなら、1ドル200円となります。理論上、為替相場はこのように決定されるとするのがこの説です。

金利が上昇すると借り入れコストが増加

します。企業の運転資金や設備資金、個人の住宅建設や自動車購入のための資金が調達しにくくなるわけです。この結果、投資活動が減少し、住宅市場は冷え込みます。これは銀行から民間企業や個人への流動性の供給量が減少することを意味し、その結果として経済活動は縮小、景気後退へ向かうことになります。

金利上昇は、投資家から見るとその通貨を保有する動機が強まるため、通貨に対する需要が高まり、結果として通貨価値が上昇します。たとえば日本の金利が低くアメリカの金利が高い場合、日本の投資家は米国債に投資するために米ドルを購入します。実際、パンデミックからの回復過程にあった2021年以降はアメリカの金利が急上昇し、2021年に1％未満だった日米の金利差は2024年に2年債で4％台、10年債で約3％台にまで拡大しています。この間、ドル円レートは110円から160円に円安ドル高が進みました。

投資家が高金利通貨を選好する最も基本的な理由は、投資収益の最大化です。また、インフレ対策という側面もあります。インフレが進行した国の通貨は購買力が低下しますが、高金利であればあるほどインフレ抑制の効果を期待できます。高金利政策は、通貨供給量を抑え消費を後退させることでインフレを抑制するからです。

高金利がインフレを抑制

高金利↓通貨供給量減↓購買力低下・消費低迷↓インフレ抑制

金利が上昇すると通貨価値はどうなる？

一方で、高金利通貨への資本流入により当該通貨の需要は増加します。外国為替市場で外国通貨を対価に高金利通貨に転換する必要があるからです。需要が増えれば通貨価値は上昇します。さらに、流入した資金は株式市場や債券市場などの国内の各金融・資本市場へ向かいます。株式市場へ向かえば株価の上昇に、債券市場に向かえば債券価格の上昇、金利低下圧力となります。

高金利が抑制される仕組み

高金利国の通貨へ資本流入↓通貨の需要増↓通貨価値の上昇↓資金が株式市場や債券市場へ流入↓株価上昇・債券価格上昇↓金利低下圧力

実際の為替相場は、すでに述べたように金利差や購買力平価などの理論通りに動くわけではありません。「金利が上昇すると通貨価値も上がる」というのは、一つの考え方としては有効ですが、必ずそうなるわけではないのです。

これは、たとえば水が高いところから低いところに流れるというような物理現象とは違い、為替相場や金融市場には人間の心理的要因が深く関わっているためです。金利が上昇したとしても、景気悪化や株式市場の急落、さらには資金の国外流出などのマイナス要因が意識される状況では、むしろ通貨の対外的な価値は下がることになるのです。

その他にも、ヘッジファンドなどの大規模な投機筋が市場に参加することで、短期的な価格変動が激しくなることがあります。その場合は、理論的な金利差や購買力平価に関係なく市場は動きます。

金利上昇が企業の収益に与える影響

金利上昇は為替相場に大きな影響を与えるため、そのときの経済情勢によっては、企業が輸出入を行う際にリスクを負う可能性が高まることもあります。すでに述べたように、金利上昇がその国の通貨高を招くとすれば、輸出企業は通貨高による競争力の低下と金利上昇による借り入れコストの増加に直面するからです。

輸入企業は通貨高で原材料や仕入れ品の輸入コストを抑えられるというメリットはありますが、金利高で輸入に際して取引銀行から受ける融資の条件が悪化することも考えられます。また、金利高が国内景気の後退につながれば、売上に対するマイナスの影響が出る可能性もあります。

金利上昇時は為替リスク管理が重要

金利上昇時は、投資家や企業経営者にとってさまざまなリスクが生じます。特に、為替取引が関係するとそのリスクもいっそう複雑になります。こうしたリスクを回避、あるいは軽減するためにヘッジという概念があります。

リスクヘッジの方法を述べる前に、対象となる為替リスクにはどのようなものがあるかを確認します。金利上昇局面では、為替市場だけでなく株式市場、債券市場、不動産市場などの市場も同時に変動する可能性が高まります。こうした市場で保有する資産が外貨建ての場合、あるいは外貨建て債務など、保有する一つの資産・負債で為替リスクと同時に複数の価格変動リスクを負う可能性もあるからです。

為替リスクは、企業や投資家が外貨建て資産・負債を保有する際に、為替相場の変動によって生じるリスクです。以下の３つがあります。

3つの為替リスク

①取引リスク
②換算リスク
③経済性リスク

①取引リスク

取引リスクとは、為替相場の変動で外貨建て取引の決済時の円換算金額が契約時とは異なることから生じるリスクで、企業収益に重大な影響を及ぼします。このリスクは、決済時に発生する為替差損益が実際のキャッシュフローに直接影響するため、外貨建てのビジネスを行う企業にとって重要な課題です。

企業が外貨建て取引を行う際、契約日の為替レートと決済日の為替レートが異なるため、その間の為替レートの変動が収益に影響を与えます。たとえば、契約時の1ドル150円が決済のとき1ドル160円に変動した場合、円建てでの決済金額が増加し、企業の利益に悪影響を及ぼします。このようなリスクを為替の「取引リスク」と呼びます。

②換算リスク

換算リスクとは、外貨建ての資産や負債の円換算額が為替レートの変動による影響を受け、企業の会計上の損益に影響を与えるリスクです。評価額が変わるだけで実際のキャッシュフローは変化しませんが、財務会計上、あるいは管理会計上で重要です。

このリスクを管理するには、取引額、通貨の特性、資金化など将来の予定を考慮する必要があります。企業の海外現地法人などが各国の通貨で記載された財務諸表を本国通貨に換算する際、為替変動により評価額が変わるのもこのリスクです。

③経済性リスク

経済性リスクとは、通貨の変動が企業の市場価値や競争力に長期的な影響を与えるリスクです。為替レートの変動で企業の製品価格や国際市場での需要が変わり、これがリスクの根源となります。たとえば、円高進行は日本の輸出品にとって外国市場での価格競争力を失う要因になり、それが売上減少につながるかもしれません。この結果、企業の採算性や競争力に構造的な変化が生じれば経済的にリスクを負うことになり、事業活動に長期的な影響を及ぼすことが考えられます。

企業が為替リスクをヘッジする３つの方法

企業の利益は、貸借対照表の資産や負債の増減の結果で生じます。リスクを１００％、あるいは可能な限り避けたい場合、この資産の増減をあらかじめコントロールすることで、リスクを管理することができます。これをリスクヘッジといいます。

リスクヘッジには、輸出企業が現地通貨で取引を行ったり、生産拠点を分散させて特定の地域への偏りから生じるカントリーリスクを分散させたりする方法もありますが、金融デリバティブによる方法が最も汎用性に優れているといえます。

為替取引に関する主なヘッジ方法は以下の３つです。

為替取引をヘッジする方法

①フォワード取引

②オプション取引
③スワップ取引

①フォワード（先渡）取引

フォワード契約とは、将来の特定の日付に特定の通貨を売買する契約のことです。そのときの為替相場もあらかじめ決めて契約を結びます。取引所ではなく相対取引（OTC）になるので、双方が合意した条件での契約になります。輸出入取引では、輸出業者が受領する予定の輸出代金に見合う金額で契約し、輸入業者が支払う予定の輸入代金に見合う金額で契約するのが基本になります。

②オプション取引

オプション取引とは、将来の特定の日付に特定の価格で資産を買う、または売る契約を結ぶものです。取引所取引か相対取引（OTC）で約定します。買う契約をコールオプション、売る契約をプットオプションといいます。日本の輸出業者の場合、受け取る外貨が対円で値下がりして受け取る金額が減少するというリスクをヘッジするために、プット（外

プット・コール損益図

プット・オプション損益図（輸出業者）

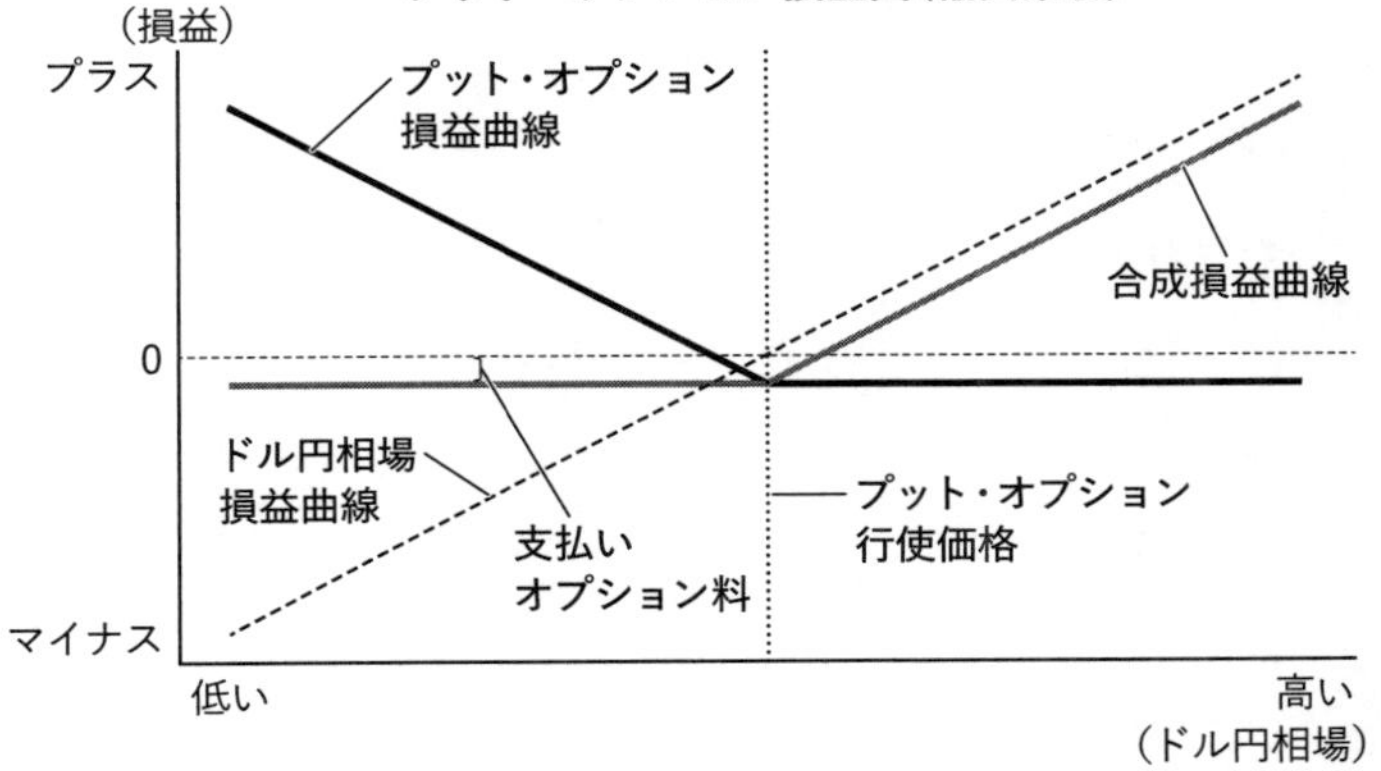

コール・オプション損益図（輸入業者）

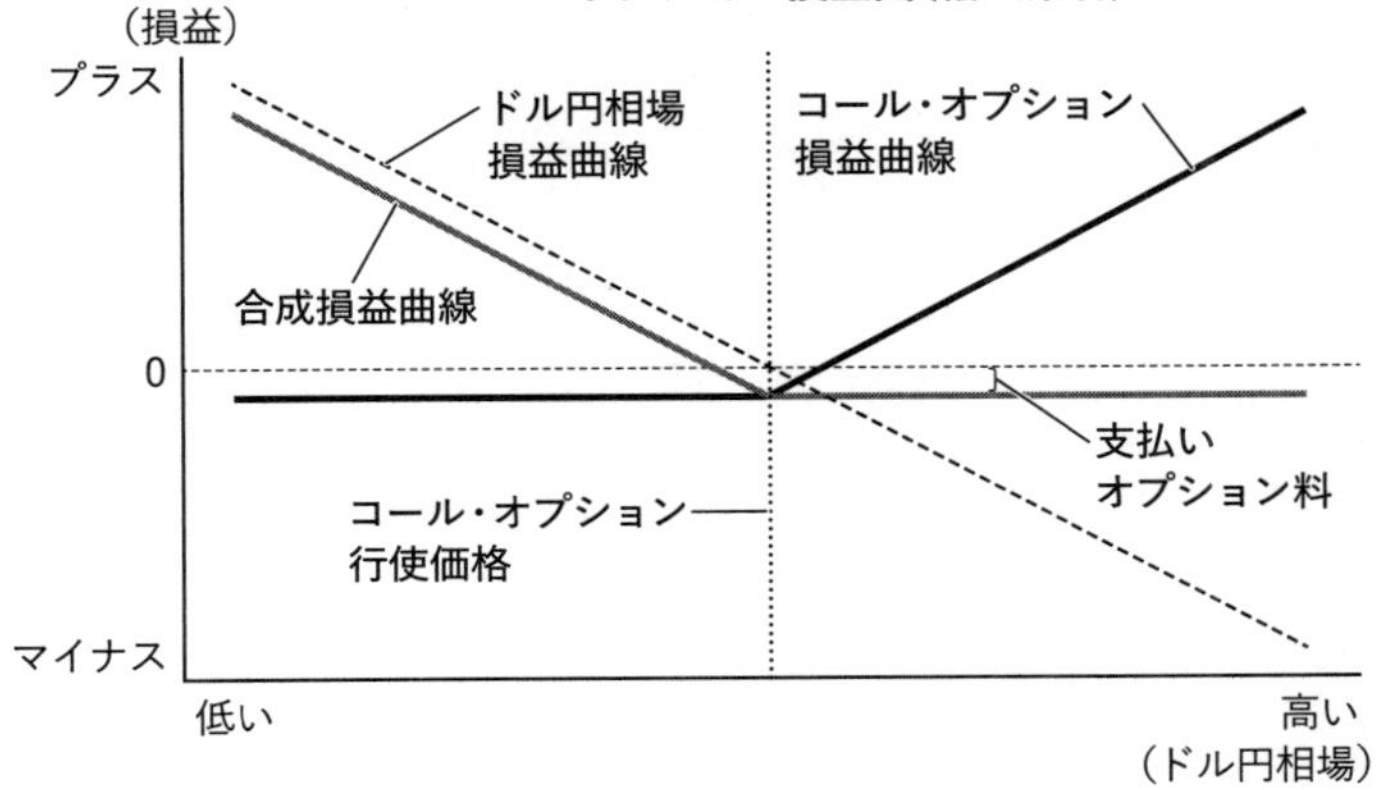

コールもしくはプット・オプションの損益曲線とドル円相場の損益曲線を合成した合成損益曲線が、オプション導入の効果を含む最終的な損益を表す

貨を売る権利）を買います。逆に輸入業者は、支払う外貨が対円で値上がりすればするほどコストが拡大するので、コール（外貨を買う権利）を買います。

こうした取引は、図でわかるように、想定価格より上昇（輸出業者）あるいは下落（輸入業者）した場合の収益は得られるものの、コストは一定水準で抑えられ拡大しない仕組みになっています。

③スワップ取引

スワップ取引とは、異なる通貨建てのキャッシュフローを交換する取引です。外貨建てで定期的な利息の支払いもしくは受け取りが発生する場合、これを自国通貨建てで自国通貨の金利に変更することができます。これによって為替リスクや金利差リスクを管理します。

2国間の金利差を利用するキャリートレード

円キャリートレード

日本		アメリカ
低金利	主体	高金利
借り入れ	主体	投資

金利上昇が為替市場に与える影響は多岐にわたりますが、2国間の金利差が拡大している場合はキャリートレードという取引が活発になることがあります。キャリートレードというのは、相対的に金利の低い国から相対的に金利の高い国へ資金が流れ、その金利差益からメリットを得るという取引です。

金利差が拡大している間は低金利国の通貨が売られ、高金利国の通貨が買われる動きが続くため、「低金利国→通貨安」「高金利国→通貨高」という動きが強まります。また、キャリートレードでは為替リスクをヘッジするために為替予約を入れておくことが一般的です。これは、金利差や為替相場の変動リスクを軽減する手段としては有効です。

低金利の日本と高金利のアメリカを例に考えてみましょう。日本円を低金利で借り、それを米ドルに替えてアメリカの国債を購入したとします。この取引を終えて資金を円に戻すとき、ドルを売って円を買わなければなりませんが、その際の為替レートを事前に予約しておくことで、運用期間中の為替リスクを抑えられるのです。

この場合の予約する将来の為替レート（先物相場）は、最初にドルを買ったときのレート（直物相場）と同じにはなりません。もし同じであれば、投資家は日本とアメリカの金利差の分だけ確実に利益を得られることになってしまいます。したがって実際は、予約するレートは日本とアメリカの金利差を反映して円高・ドル安に調整されます。

このように、円で外貨を購入して外国に投資し、投資の回収時には先物予約で確定させた相場で外貨を円に転換する場合、理論上は金利差が為替予約により相殺されるため、それだけでは利益を得ることはできません。

しかし、実際の市場はさまざまな条件が絡み合って常に変動しています。特に、金利差が急速に拡大してキャリートレードがその通貨ペアに集中すると、金利差で計算される以上に動きが大きくなり、オーバーシュートする可能性もあります。しかし、これは短期的な動きで、市場の歪みは長期的には修正される傾向にあります。

また、為替予約とは別に通貨オプションによるリスクヘッジも考えられます。通貨オプションとは、特定の条件で通貨を売買する取引です。相対取引で、ある程度条件の交渉余地があるフォワード（先渡）取引とは異なり、いわば規格商品である通貨オプションは高度な市場知識と戦略が必要になります。オプション自体が上場されているため、原資産となる為替市場の相場の変動性や権利行使価格との価格差、権利行使日までの日数など、さまざまな要因を反映しながら常に価格が変動するためです。

キャリートレードの巻き戻しに要注意

キャリートレードが活発になると、為替市場の変動性が急速に高まることがあります。市場では、「買いポジション」「売りポジション」のそれぞれを解消する動きという意味で、「ロング・リクィデーション（long liquidation）」「ショート・スクィーズ（short squeeze）」という言葉が使われます。こうした動きが高まると、相場の変動性は大きくなります。特に、「ショート・スクィーズ」の動きは、ロング・リクィデーションの動きより大きくなる傾向があります。

キャリートレードでこのようなポジション解消の動きが強まると、為替相場自体の変動性が高くなります。実際、キャリートレードが活発になっているか否かは、アナリストなど専門家の情報を参考に判断することが重要です。

金利が上昇すると、通常、為替市場は迅速に反応します。特に金利差で考える場合、市場の思惑を反映しやすい2〜5年のゾーンが反応しやすくなります。この「2〜5年ゾーン」とは、償還まで2〜5年の残存期間となる国債利回りが基準となりますが、その他にもこの国債利回りを基準として、リスク分を上乗せした2〜5年で満期を迎える金融商品の利回り全般を指します。金融政策の変更は、通常、政策金利は翌日物など足元の金利ですが、2〜5年ゾーンであれば反映されるタイミングも早いため、政策変更の発表とほぼ同時、あるいは事前に織り込みにいくほど敏感に反応します。

このように、金利上昇の動きは為替市場に大きな影響を与えますが、その結果としてさまざまなリスクと機会が生じます。投資家や企業は、投資や事業で成功するために、こうしたリスクを理解したうえで市場に参加することが重要です。

次の有事に日銀はどんな対応をとるのか

1970年代、1980年代は「有事のドル買い」という表現がよく使われました。戦争などの大きなイベントで国際金融市場に混乱が生じた際は、政治・経済・軍事の分野で圧倒的な強さを持ち、基軸通貨国であるアメリカの通貨を保有するのが経済的なリスクを最小にできるという考え方があったのです。

その後は「有事の円買い」という、投資家が日本円を買う動きが見られるようになりました。一般には、日本が経済的に安定しており、日本円が安全資産と見なされていることがその要因です。しかしアナリストなどの専門家によれば、この円買いの背景には、キャリートレードの解消取引が大きな役割を果たしていることがあります。

世界的な低金利国の日本円で資金を調達し、相対的に高金利となっている通貨建ての資産で運用を行う投資家は、金利差による投資妙味があるため、こうしたキャリートレードによるポジションを持ちます。しかし、国際的な金融危機、軍事紛争、世界的な政治的混乱など大きなイベントリスクが生じれば、リスクを回避するためにリスク資産を売却し、安全資産に資金を移動させます。実際に「有事の円買い」といわれた局面では、こうした状況が生じたための円買いだったという説があります。このケースでは、「有事の円買い戻し」といえます。この場合、いったんこうしたキャリートレードの解消に市場が動けば、市場は買いが買いを呼ぶ急速な円高に動きます。新規の円買いではなくポジションの解消なので、買いが買いを呼ぶ急速な円高になるわけです。

有事の際に日本の金融当局がとる可能性のある対応としては、以下のようなものが考えられます。

1．日本銀行による為替市場介入

日本の財務省の判断で、日本銀行による為替市場介入が実施されることがあります。これは、その時点での国際情勢、経済情勢、政治的思惑など、高度な判断が要求されるため、通常は事前にはわかりません。

2．金融緩和政策の実施

日本銀行による政策金利の引き下げなど、円高圧力に対する緩和方向の政策を打ち出し、円高が景気にブレーキをかけないような政策をとることが考えられます。ただし、円高だけで緩和方向へ政策を動かすことは通常なく、他の緩和条件も必要です。

２０２４年に入って、ドル円相場は半年で１４０円から１６０円まで約20円も円安方向に動き、11月時点でも１５０円台半ばでやや円安方向への動きとなっているため、この動きで年末まで推移すると仮定すれば、２０２４年中に円高圧力による金融緩和が実現する可能性は小さいといえます。

これからも利上げは続くのか

以上、「有事の円買い」によるキャリートレードの解消が金融緩和に向かう道筋を見てきました。しかし、２０２１年には１%台にも満たなかった日米の2年国債利回りの差が、２０２４年半ばには４%台にまで拡大しています。この間、ドル円相場も１１０円から１６０円まで50円、円安方向に進んでいます。したがって、２０２２年以降、円キャリートレードは拡大してきたと推定されます。

２０２１年であれば、キャリートレード解消といっても、もともと金利差がなかったのでポジションが積み上がっていなかったでしょう。しかし２０２４年現在、それだけポジションが積み上がっているとすれば、一つ解消する相場材料が出ただけで、円キャリートレードを縮小する動きは大きくなることが予想されます。

日本は3月にマイナス金利政策を終了し、政策金利を無担保コール翌日物に戻しました。とはいえ、25bp、50bp幅といった通常の利上げペースに戻ったわけではありません。仮に日本の金融政策が利上げに傾けば、当面は株式市場など金融・資本市場として見れば混乱が想定され、かつてのような「有事の円買い」という考えは生じないはずです。

かつて「有事の円買い」といわれた時期も、その言葉は日本以外の外国でのイベントリスクが生じた際に使われていました。円キャリーの縮小は、それまでの円安圧力を解消する動きにつながります。

第6章

金利上昇で個人が受ける影響

住宅ローンの金利上昇＝不動産価格の低下

市場金利の上昇が企業経営に大きな影響を与えることは第5章で述べました。一方、家計も金利上昇によりさまざまな影響を受けます。最も大きな影響は、個人にとって最大の支出である住宅購入とその資金を工面するための住宅ローンです。

住宅ローンは多くの家庭にとって最大の負債であり、返済も長期にわたります。市場金利上昇で既存の変動金利ローンの金利支払額は増え、固定金利でも金利上昇後は新規借り入れの金利支払額が増えます。

住宅購入にあたっては、その資金の大部分を住宅ローンで調達するという家計が大半です。そのため、住宅ローンの金利負担が増える金利上昇は、ただちに新築住宅、中古住宅の購入に制約をもたらします。この結果、住宅市場全体の需要が鈍化し、住宅価格の下落につながります。住宅価格が下落すると、すでに住宅を所有している人々は資産価値の減少に直面することになり、住宅価値がローン残高を下回る「担保割れ」の状態になるというリスクがあります。

消費活動にもマイナスの影響

さらに、金利上昇は家計のデフォルトリスクを高めます。金利負担額の増加で月々の返済が困難になると、最悪の場合、担保権を実行されて住宅を失う事態に陥る可能性があります。経済全体で見ると、こうした家計の増加は消費活動に大きなマイナスになります。しかも、これは一時的な動きではなく、金利上昇局面では影響が長引くことになります。

このように、金利上昇は住宅ローンを通じて個人の経済状況に重大な影響を与えます。住宅市場の健全な発展と個人の経済的安定を保つためには、当局は金利動向を注視し、適切な金融政策を実施することが重要になります。本章では、金利上昇が住宅ローンに与える影響について詳しく見ていきます。

金利の変動が住宅市場に与える大きな影響

金利の変動と住宅ローン申請数には密接な関連があります。過去のデータや具体的な事例を分析すると、その影響が明確に理解できます。

たとえば、米抵当銀行協会（ＭＢＡ）によるアメリカの住宅ローン申請件数の調査では、２０２０年のパンデミック時に実施されたＦＲＢによる緊急利下げの際、住宅ローン金利が歴史的な水準に低下しました。この結果、住宅ローン申請件数は前年同月比で約30％増加。特に、初回住宅購入者と借り換えローンの申請者が急増したと報告されています。

一方、２０２２年にはインフレ対策でＦＲＢが金利を引き上げ始めたため、住宅ローン金利も上昇しました。ＭＢＡのデータによれば、２０２２年の住宅ローン申請数は前年同月比で約15％減少しています。金利上昇により月々の返済が増加し、住宅購入コストが上がったことが主な原因とされています。住宅ローン申請件数が減少すれば、必然的に資金調達も減少するためです。

住宅の買い控えにつながることも

こうした状況は日本でも同様です。バブル経済崩壊後の１９９０年代には日本銀行が金利を引き下げ、住宅ローン金利も低下しました。この結果、住宅ローンの借り入れが容易になり、住宅市場の活性化につながります。しかしこれは一時的な動きで、２００６年以降の利上げ局面では住宅ローン申請数が減少し、市場の伸びが鈍化しました。

このように、金利動向は住宅ローン申請件数に直接的な影響を与え、ローンのみならず住宅市場そのものにも大きく関与しています。金利低下は住宅購入を促進し、市場を活性化させますが、金利の上昇は市場の成長にブレーキとなります。住宅産業は関連産業などのすそ野が広いため経済全体への波及効果が大きな分野ですが、その住宅市場の健全な発展には金融政策が大きな影響力を持っています。

固定か変動かはキャッシュフローの総額で決める

住宅ローンを申し込む際には、見かけの金利水準だけでなく、実際に毎月の返済額がいくらになるのか、その安定性に注目することが重要です。固定金利ローンは契約時の金利が借入期間全体にわたって一定であるため、あらかじめ返済額と利払い額がすべてわかります。したがって長期的なキャッシュフロー計画や収支計画を立てるのが容易です。

固定金利ローンは金利が一定であるため、返済期間中の月々の返済額も変わりません。変動金利ローンの場合、初年度は固定金利ローンより低い金利が適用されることが多いですが、金利動向によって返済額やキャッシュフローの予測は変動します。将来的に金利が上昇すると返済額も増加します。したがって、変動金利ローンの場合は固定金利の場合ほど将来を見通すのが容易ではありません。

キャッシュフローの管理は、住宅ローンを返済するうえで極めて重要です。特にローンを組む場合、固定金利を選ぶか変動金利を選ぶかを決めるために、総返済額（キャッシュフローの総額）を比較します。将来にわたる支出の総額を現在の視点で評価し、最適な選択を行うためです。

住宅ローンの返済は、ほとんどの家計にとって最大支出項目です。月々の返済額が家計のキャッシュフローに与える影響は大きいため、住宅ローンの返済計画ではキャッシュフローの安定性が重要です。

将来の金利上昇リスクに備える

住宅ローンの返済方式には元利均等払いと元金均等払いがあります。元利均等払いは毎月の返済額が一定です。当初は利息部分の返済が多いものの、やがて徐々に元金部分の返済が増えていきます。

また、元金均等払いでは毎月の元金返済額が一定で利息は残高に応じて変動するため、返済当初の月々の返済額が高くなりますが、返済が進むにつれて総返済額は減少します。

キャッシュフローの安全性を確保するには、家計全体の収支を把握し、計画的な支出を行うことが求められます。固定金利ローンを選択すれば将来の金利変動リスクを回避し、安定した返済計画を維持することができます。一方、変動金利ローンを選択すれば固定金利に比べて低い水準の金利を享受できますが、将来の金利上昇リスクに備える必要があります。その場合、将来の金利上昇シナリオをあらかじめ作成し貯蓄によって備えるなど、リスクに応じた対応をとる必要があります。

新規のローンを組む際に、固定金利か変動金利かを選択しようとすると、多くの場合は変動金利の水準が固定金利を下回ります。それは、以下のような理由からです。

変動金利が固定金利より低い理由

①基準となる短期金利の水準が低い
②リスクプレミアムの反映
③短期金利の上昇予測
④足元の期待インフレ率が低い

①短期金利の低水準

変動金利ローンは基準となる短期金利に連動しています。短期金利は通常、異なる年限の金利水準を結んだ曲線であるイールドカーブ（利回り曲線）において、低水準にあります。通常は短期金利が低く、長期金利が高い右肩上がりの形状をしています。そのため、変動金利ローンの初期金利は、長期金利に基づく固定金利ローンの金利より低くなる傾向があります。

②リスクプレミアムの反映

長期金利は短期金利に比べて期間リスクを反映するため、一般的に高い金利が設定されます。金融機関は長期間にわたる金利変動リスクをカバーするために、長期金利にはリスクプレミアムを上乗せします。これにより、固定金利ローンの金利がさらに高くなることがあります。一方、変動金利ローンは短期的な金利変動リスクを前提としているため、リスクプレミアムが低く抑えられます。

③短期金利の上昇予測

市場が短期金利の上昇を予測している場合、長期金利にはその将来の上昇予測が織り込まれ、高めに設定されることがあります。その結果、固定金利ローンの金利が上昇します。一方、変動金利ローンの初期金利は現在の短期金利をもとに設定されるため、当初の金利は固定金利ローンより低くなることがあります。

④期待インフレ率の低さ

期待インフレ率が低い場合、名目短期金利も低くなる傾向があります。低い期待インフレ率は中央銀行が低金利政策を継続することを示唆し、その結果、短期金利が低く維持されます。この影響で、変動金利ローンの初期金利も低く設定されます。

これらの要因により、変動金利ローンの初期金利は固定金利ローンの初期金利より低くなることが一般的です。ローンを選択する際は、こうした金利設定の背景を理解し、将来の金利変動リスクについて考慮することが重要です。

以上述べた通り、見かけの金利水準だけでは、固定金利と変動金利のどちらが有利かを判断することは不可能です。月々の元金返済額と利息支払額が家計の生活支出に見合う範囲に収まることが重要ですが、キャッシュフローの総額で比較することも重要です。

「金利の相場観」を身につけるには

住宅ローンの契約を行う際に、金利の相場観を持つことは重要です。金利の相場観とは、将来の金利動向を予測する力です。これまでの経験則、あるいは政治や経済、金融の各分野のさまざまな状況から判断して相場動向を見極めることになります。金利は資金の貸し借りの価格であり、経済全体の状況を反映する重要な指標です。国内外の経済指標や金融市場の動き、中央銀行の政策、国際情勢など、多岐にわたる情報の収集と分析が含まれます。自身の金利の相場観を基準に将来の金利シナリオを描くことができれば、それに基づいて住宅ローンの選択や投資判断を行うことが可能になります。

金利シナリオを描く際は、市場金利や経済指標の動向、中央銀行の金融政策など、さまざまな要因を考慮します。

市場金利の動向は、住宅ローンの金利に大きな影響を与えます。銀行は市場からの資金調達コストに見合うように自行の住宅ローン金利の水準を決めるため、市場の長期金利が上昇すれば新規契約の住宅ローン金利も上昇することが多くなります。10年物国債の利回りが上昇すると、その後遅れて銀行が住宅ローン金利を引き上げたとニュースになるので、個人でもその動向を容易に知ることができます。

各国が発表する指標にも注目する

経済指標も、住宅ローンに大きな影響を与えます。

インフレ率や失業率などの指標は経済の基礎的条件として経済全体の健全性を反映するため、これらの指標の動向を把握することが重要です。具体的には、インフレ率が上昇すると中央銀行はインフレ抑制のために政策金利を引き上げる可能性が高くなります。政策金利を引き上げれば市場金利は上昇し、住宅ローン金利も上昇することになります。また、経済の持続的成長が続いている場合、失業率の低下は金利上昇圧力につながる場合があります。

経済指標の動きによって金利が変動するのは、次の二つのケースです。一つはその経済指標が金融政策を動かすと市場がとらえる場合。もう一つは、発表された経済指標が、その時点で市場が織り込んでいた景気や物価の水準と異なることを明らかにした場合で、そうなると再度金利が新たな水準まで修正されることになります。

中央銀行の金融政策も住宅ローン金利に直接の影響を与えます。

特に日本の金融政策決定会合やアメリカの連邦公開市場委員会（FOMC）、ユーロ圏のECB理事会など、直接金融政策を打ち出す会合での声明文など、政策関連の発表からは目が離せません。会合に参加する個別の理事などの発言も金利を大きく動かす場合があります。

経済アナリストなど専門家の意見にも耳を傾ける

政策金利の変更は短期金利の動きに連動します。住宅ローン金利の場合、固定金利は長期金利となるため直接連動しているわけではありませんが、短期金利の上昇は通常将来の短期金利の上昇につながり、長期金利も上昇します。変動金利であれば基準は短期金利であり、直接、政策金利に連動するので、すぐローン金利の上昇につながります。

金利の相場観を養うには、経済ニュースを常にフォローすることが重要です。経済の動向や金融市場の状況を常に把握しておくことで、金利動向の変化にも敏感に対応できるようになります。経済指標はさまざまなデータを見る必要がありますが、少なくとも主要国の消費者物価指数の変化、GDP成長率、失業率などは常に見ておく必要があります。

アメリカはFRBの政策目標に雇用の最大化が入っているので、失業率だけでなく非農業部門の雇用者数や賃金の伸びのデータも重要です。

さらに金利の相場観を養うには、金融の専門家の意見を活用する方法があります。金融の専門家といってもさまざまな分野の人がいますが、金利の相場観を養うには経済アナリストやテクニカルアナリストなど、金融市場の動向を調査する専門家の意見を活用することが非常に有効です。こうした専門家は、豊富なデータと経験に基づいて経済の動向を分析し、将来の金利動向を予測します。専門家は一般の個人がアクセスしにくい情報源をもとに予測しているため、信頼性が高いことが多いです。

また多くの銀行は顧客向けに経済見通しを提供しています。その見通しは銀行のエコノミストやアナリストが作成しており、経済の現状と将来の予測についての詳細な情報が含まれます。銀行の経済見通しは、住宅ローンを選択する際や借り換えを検討する際の重要な参考資料となるでしょう。

このように、相場見通しを専門とするアナリストの意見を取り入れることで、個人では得られない深い洞察を得ることができます。特に、経済指標の解釈や市場の反応についての専門的な知識は、金利の相場観を養ううえで非常に有益です。また可能な限り、異なるアナリストの意見を取り入れて、異なる角度から検討するようにすることが推奨されます。複数の視点から検討することで、よりバランスのとれた判断につながります。

金利上昇時の借り換え計画のタイミングとコスト

金利上昇時、変動金利の住宅ローン債務者は住宅ローンの借り換えという対応策をとることもできます。家計の安定を維持し、返済負担を軽減するにはそのタイミングやコストを見極めることが重要です。借り換えのタイミングはさまざまな場合が考えられますが、以下のケースがあてはまります。

住宅ローン見直しのタイミング

1．金利上昇の兆候があるとき
2．金利水準が低いとき
3．ローンの残存期間が長いとき

1．金利上昇の兆候があるとき

金利は中央銀行の金融政策を先取りして上昇することがあります。この場合、政府要人や中央銀行の政策決定権限を持っている重要人物などの発言が重要になります。たとえば、ＦＲＢ議長が「インフレ率が目標を上回っているため、引き締め政策が必要」と発言した場合、将来的に金利が上昇する可能性が高いと予測できます。

あるいは、実際に利上げそのものでなくても、単に示唆するだけでも金利が急上昇した例があります。２０１３年にＦＲＢが量的緩和政策の縮小を発表した際、アメリカの長期金利が急上昇しました。

近年、アメリカの長期金利と日本の長期金利は連動する傾向が見られます。かつて日本の長期金利は国内の期待インフレ率に連動していた時期があり、アメリカの長期金利との関連は見られませんでした。しかし昨今は、ＦＲＢ議長の発言で日本の長期金利が上昇することも珍しくありません。

2．金利水準が低いとき

比較検討時点で固定金利と変動金利の表面上の利率格差が拡大し、それ以上の拡大が見込まれない場合、借り換えを考えるタイミングといえます。低金利のうちに固定金利ローンに借り換えることで将来の金利上昇リスクを回避し、安定した返済計画を立てることができるからです。

金利上昇のタイミングを正確につかむことができれば理想的ですが、多くの場合はタイミングを逃してしまい、ある程度短期金利が上昇したところで借り換えを実行するケースもよくあります。

金利上昇の兆候をつかむことが難しいと感じる場合は、固定金利と変動金利の表面上の差を目安にする方法も考えてみるべきです。

3.ローンの残存期間が長いとき

ローンの残存期間が長いときはその期間の金利変動リスクが大きくなるため、リスク回避として固定金利への借り換えを行うことが有効な場合があります。金利変動リスクとは、金利の上昇によってローンの利払い金額が増加するリスクを指します。特に長期にわたる返済計画を立てている場合、将来の金利上昇リスクを避けることが重要です。

固定金利ローンに借り換えると返済期間中の毎月の支払額が一定となり、長期的な家計の計画が立てやすくなります。また金利上昇リスクを回避することで、将来的な返済額の増加を防ぐことができます。

具体的には、ローンの残存期間が20年以上残っている場合と数年しか残っていない場合を比べれば明らかです。20年以上の場合は固定金利への借り換え検討は有効ですが、数年の場合は金利変動の影響は限定的であるため、借り換えによるメリットは相対的に小さくなります。

したがって、ローンの残存期間が長いときの方が、借り換えを検討するために適したタイミングだといえます。

必要な諸費用についても勘案する

また借り換えにあたっては、その際に発生する諸費用を考慮する必要があります。諸費用には以下のようなものがあります。

借り換えの際の諸費用

①金融機関への手数料
②登記費用（司法書士費用を含む）
③保証料
④火災保険料
⑤団体信用生命保険料
⑥印紙税
⑦旧ローンの繰り上げ返済手数料

①金融機関への手数料

新規ローンの設定費用や手続きにかかる費用

②登記費用（司法書士費用を含む）

新しいローンのために抵当権を設定する際の登記費用および司法書士費用

③保証料

保証会社を利用する場合の保証料

④火災保険料

担保物件の住宅家屋をカバーするための火災保険料。借り換えの場合、新しいローンに対して必要

⑤団体信用生命保険料

新しいローンに対して、団信に再加入するための保険料

⑥印紙税

新しいローンの契約書に貼付する印紙の費用

⑦旧ローンの繰り上げ返済手数料

乗り換え前の既存のローンを完済するためにかかる手数料

住宅ローンの借り換えにはこれらのような諸費用がかかるため、利息の支払いだけでなく、それらを含めた総支払額がどのように変わるのかを計算し、借り換えが有効かどうかを判断する必要があります。

諸費用がかかることを考慮しても、将来的な金利上昇リスクを回避できるか、総支払額が大きく減少する場合には、借り換えが有効な選択肢になることがあります。

著者紹介

島 裕晶　金融アナリスト。金融機関で債券取引と金利リスク管理を担当し、国内外の市場動向や金融政策に精通。その後、金融データサービス会社で債券市場と金利商品の分析レポートを作成。米国では、移転価格税制やIRS対応を含む税務戦略および会計管理を担当。帰国後、金融デリバティブを活用したコスト削減と金利リスク管理を支援。現在は、金融政策と市場分析に関する執筆活動に専念し、専門誌や金融業界でその分析力が高く評価されている。

金利《きんり》が上《あ》がると経済《けいざい》はこう動《うご》く

2025年1月30日　第1刷

著　　者　島《しま》　裕《ひろ》　晶《あき》

発 行 者　小 澤 源 太 郎

責任編集　株式会社 プライム涌光
電話　編集部　03(3203)2850

発 行 所　株式会社 青春出版社
東京都新宿区若松町12番1号 〒162-0056
振替番号　00190-7-98602
電話　営業部　03(3207)1916

印刷・三松堂　　製本・大口製本

万一、落丁、乱丁がありました節は、お取りかえします。
ISBN978-4-413-23390-3 C0033